¡Buen Perro!

¡Buen Perro!

Amaestramiento Sencillo para un Comportamiento Exitoso

DONNA CHANDLER

Amaestradora Canina y Especialista en Modificación de los Comportamientos

EMMIS BOOKS :: CINCINNATI

A mi esposo Greg y a mis hijos – Jonas, Lolly, y Austin – por tolerar y apoyar mi amor por los animales.

* * *

También, a todos los cachorros que han llegado en mi vida, especialmente Mac, Mandy, Thatcher, Savannah, Little Bear, y Ellie Mae.

Contenido

Prólogo

Usted está al punto de embarcarse en una gran aventura, muy entretenida y con grandes recompensas. Me refiero a una aventura, porque a medida de que usted implemente los ejercicios de ¡*Buen Perro!*, usted y su familia unirán un lazo quedurará toda la vida de su animal domesticado. El amaestramiento y la educación de su cachorro son sólo el comienzo. Usted tendrá años de compañerismo para disfrutar. Donna Chandler le provee las guías para establecer una relación sana y respetuosa con su animal y le hará conocer las reglas básicas para un amaestramiento avanzado, si es lo que usted elige hacer. De todas maneras, usted no puede tener un perro que es campeón de obediencia, de "tracking," o de la agilidad sin los consejos fundamentales que Donna tiene aquí para usted.

Como veterinaria, aconsejo a los nuevos dueños de animales domesticados acerca de la nutrición, cuidado preventivo y ejercicio. Y dejando a un lado los problemas relacionados a la salud, el mejor consejo que les puedo dar a mis clientes es leer el libro ¡Buen Perro! y comenzar inmediatamente a incorporar el amaestramiento en las rutinas diarias. Yo tengo dos perros y las lecciones que he recibido de este libro han sido invaluables para la seguridad de ellos, el bienestar de mi hogar y la comodidad de mis invitados. Mis perros no son los más educados, pero se comportan respetuosamente gracias a los métodos de amaestramiento de Donna. Este libro será para usted la referencia a la cual podrá consultar una y otra vez. Su animal anticipará la interacción con usted y su familia y a los miembros de la familia les gustara y desearán compartir más tiempo con un animal que se comporta bien y desea aprender.

El primer paso para tener una relación duradera con su animal es saber que esperar de usted. ¡Así que . . . venga, siéntese y lea! La aventura les espera a usted y a su perro.

Jeanette L. Floss, D.V.M., M.S.
Diplomat, the American College of Theriogenologists

Prefacio

Nunca soñé con escribir un segundo libro. Escribiendo el primero (titulado *Just House Manners)* fue como escalar una montaña. De cualquier forma, en la primavera del 2001 asistí a la Universidad de Purdue en Lafayette, Indiana y me gradué de un curso titulado "Perros, Principios, y Técnicas de la Modificación del Comportamiento" (Dogs, Principles, and Techniques of Behavior Modification) lo cual me dió la oportunidad de ganar el título de "Especialista en la Modificación del Comportamiento Canino." Andrew Luescher, D.V.M., Ph.D., y Julie Shaw, Especialista en Comportamiento de Animales enseñaron este curso. El doctor Luescher, y la doctora Shaw son dos de las personas más dedicadas a los perros que he conocido y me siento muy emocionada de que nuestros caminos se hayan cruzado. Lo que aprendí en este curso ha tenido un gran impacto en la manera en la que hoy enseño el programa "Just House Manners" (Sólo Buenas Costumbres) y la razón por la que tuve que re-escribir mi libro. Por los últimos cuatro años he estado enseñando en los Hospitales Animales VCA. En los últimos tres años entrené cientos de familias con sus perros y me enorgullece decir que el 95 por ciento de esas personas todavía tienen a sus animales. También, a lo largo del camino he conocido a personas increíbles. Pero hay tres personas que quisiera compartir con ustedes en este momento, incluyendo la doctora Jeanette Floss, el doctor Stephen Hadley y Stacy Sutphin.

Jeanette Floss no sólo se ha transformado en una amiga maravillosa, sino que además es una de las veterinarias más talentosas y compasivas que jamás he conocido. Sus talentos llegan muy lejos cuando se tratan de lidiar con sus clientes humanos y animales. Nosotras hemos compartido varios clientes con perros que necesitaban cambios de comportamientos, y los beneficios de haber trabajado con ella podrían completar otro libro. La doctora Floss es una de los aproximadamente trescientos especialistas" (Theriogenologists)" en el mundo. (Ella ayuda a todo tipo de animales en sus reproducciónes.) Me siento agradecida y orgullosa de que ella haya aceptado escribir el prólogo de este libro y el capítulo de cuidado veterinario – los qué, por qué y cuando saber que es momento de visitar al veterinario. Ella no sólo se preocupa por la salud – su cálido sentido del humor es también evidente.

También me siento muy afortunada que mis caminos se hayan cruzado con el doctor Stephen Hadley, vicepresidente del Grupo de Hospitales Animales VCA. Sus logros en el campo de la medicina veterinaria llegan de costa a costa. Él fue bastante amable para creer en mi y estimularme a completar con éxito este libro.

Stacy Stuphin, Directora del VCA del estado de Indiana, me dio una oportunidad maravillosa cuando me contrató como amaestradora canina en el Centro Canino de VCA de Indiana. Ella creyó en mi programa "Just House Manners" (Sólo Buenas Costumbres) desde el principio. Ella ha sido, y todavía lo es, mi mentora y también mi buena amiga. Me siento bendecida en haber conocido a estos tres amantes de perros.

Donna Chandler
Septiembre del 2003

Capítulo 1

Ven, siéntate –
y quédate aquí un rato

Para aquellos de ustedes que no leyeron mi primer libro, me gustaría presentarme. Mi nombre es Donna Chandler, y yo he amaestrado y criado a los perros durante gran parte de mi vida. De hecho, no recuerdo no haber tenido o amaestrado un perro. He exhibido perros con obediencia y confirmación, y enseñé durante quince años obediencia canina a los jóvenes de "4-H." También he sido dueña de mi propia escuela de obediencia canina.

Todo comenzó cuando yo tenía ocho años. Me levanté temprano una mañana para leer los avisos clasificados en el diario local. Nosotros no teníamos mucho dinero extra para gastar en nuestra familia, pero mis padres dijeron que yo podía tener un perro "doméstico," o sea, un perro que vive adentro de la casa. Todos nuestros perros hasta este punto eran perros de caza y se mantenían afuera.

¡Sería aquel el día de más suerte! Un aviso en el diario decía, "Gratis para un buen hogar. Collie inglés, seis meses de edad y domesticado." Yo llamé inmediatamente y hablé con la dueña, una señora mayor que se mudaba a vivir con su hijo y no podía llevarse el perro con ella. Este Collie inglés llegó a ser mi perro premiado, Mac. Qué amigo y compañero resultó ser ese Collie inglés. Macy y yo pasamos los próximos diecisiete años juntos – ¡y sí quiero decir juntos! Él iba a todos lados conmigo, y para cuando llegó el momento en que yo ya tenía edad para tener novios, ellos seponían celosos de todo el tiempo que yo pasaba con mi perro. Amaba amaestrarlo – un talento o sexto sentido que yo parecía tener desde los principios. Yo comencé a amaestrarlo él día que él vino a casa conmigo, y era tan inteligente. A través de los años le enseñé más de cincuenta comandos. Él era tan cariñoso mí que mi mamá se quejaba sobre la mancha sucia sobre lapared al lado de la puerta de entrada de nuestra casa – Mac se acostaria allí y me esperaba desde el momento que yo me iba a la escuela hasta que volvía a casa.

Mac era realmente un encantador. Uno de sus trucos realmente inusuales pero graciosos era cuando yo decía "Fuego," y él se tiraba al piso y se arrastraba fuera de la habitación. Y le encantaba protegerme: Cada vez que mis padres o hermanas se enojaban conmigo, no les permitía que entraran a mi habitación. Nunca mordió a nadie; solo se acostaba al lado de la puerta de mi dormitorio y refunfuñaba. Él tenía una canasta llena de juguetes que incluía varias pelotas, una de las cuales tenía un símbolo enforma de cruz sobre un costado. Podía enviarlo a buscar su "pelota cristiana," y de sus seis o siete pelotas siempre elegía la que tenía la cruz.

Cuando tuvo diecisiete años de edad, Mac murió de una falta de los riñónes. Está enterrado en el Memory Gardens, un cementerio de animales en Indianápolis. Él era, como mis amigos que aman a de los perros dirían, "Un ángel – un verdadero ángel." Conseguí otro perro muy pronto, aunque estaba segura que nunca amaría a otro perro tanto como a Mac. Hasta hoy yo todavía pienso con agrado sobre todos los momentos que él y yo tuvimos juntos. Mi relación con Mac fue la base de todo lo que yo hago con los animales hoy en día.

Por supuesto, encontré nuevos perros para amar, amaestrar, y apreciar, y todavía estoy haciendo las tres cosas hoy. Yo aprendí tempranamente que no es suficiente el amar y apreciar a tu perro: él o ella debe ser amaestrado para funcionar socialmente en el mundo humano. El amor y el aprecio se combinan perfectamente con un buen amaestramiento. ¡Este libro se trata sobre eso!

A medida que crecía, yo llevaba a mis perros a las exhibiciones, donde no sólo los exhibía en las pistas de obediencia, sino que también disfrutaba a los otros animales en el campo y a la vida de las exhibiciones. A medida que mi vida fue cambiando y me casé, tuve niños y una carrera, tuve menos y menos tiempo para pasarla en las exhibiciones de perros, peronunca dejé de amaestrar. Me casé con un hombre que estaba muy involucrado con los caballos, y como nosotros viajábamos por las actividades de los mismos, los perros siempre iban con nosotros porque ellos se comportaban tan bien.

Además, cuando la gente viene a mi casa, siempre comentan en qué educados son mis perros. Muchas veces se dicen, "Oh, yo tendría un perro (o aún tendría el que tuve) si se comportara así. ¿Cómo lo haces?" Mi marido casi siempre respondía, "No sé cuando los amaestra. Raramente la veo haciendolo." Bueno, gente, es facil. Mi método de amaestramiento es muy sencillo. Con mi horario tan ocupado, mis perros no van a exhibiciones, pero ellos sí las visitan conmigo porque ellos tienen "Just House Manners" (Sólo Buenas Costumbres.) Ellos son bienvenidos en cualquier parte que nosotros vayamos, y son amados y apreciados porque tienen maneras tan buenas. ¡Su perro puede tenerlas también! Yo no sólo me considero una amaestradora de perros sino también una "susurradora de perros." Exactamente ¿qué es una "susurradora de perros?" El susurro es una técnica usada con muchos tipos de animales. Muchos libros han sido escritos sobre el susurro, y la gente que escribió esos libros tiene interpretaciones diferentes de su definición. Sin embargo, todos los libros sobre "susurros" tienen un hilo común – ellos enseñan un método de amaestramiento con amor y de carácter positivo. El punto principal sobre el susurro que quiero que ustedes recuerden es el de comunicarse usando un plan de amaestramiento sólido, positivo y amoroso (como es el de "Just House Manners" Sólo Buenas Costumbres). Para mí, amaestrar en esta manera significa que usted nunca le prepara el perro para el fracaso o utiliza medidas agresivas en cualquier amaestramiento.

Los métodos de amaestrar a los perros han cambiado en los últimos cinco a ocho años. Muchos amaestradores utilizaban métodos de amaestramiento agresivos, dureza, y collares de reprimidos, y raramente usaban recompensas de comida como premios. Hoy en día, los buenos amaestradores utilizan refuerzos positivos utilizando recompensas verbales o de comida. Piénselo – ¿Si alguien fuera agresivo con usted, no sería usted también? La mayoría de las personas lo serían, y también lo serían la mayoría de los perros. El método del susurro en el amaestramiento del perro elimina esas reacciónes negativas agresivas y antipáticas. Recuerde que todos los perros son motivados por la comida, y cuando usted le agrega un poco de amor, usted obtiene una combinación del susurro.

La noche de "Prom" fué especial, y mi cita esperaba, paciente y graciosamente, mientras yo me hacía sacar una foto con mi amado Mac.

Durante los viajes con mis perros, yo me he encontrado con gente extraordinaria – algunas de las más maravillosas, simpáticas y sinceras del mundo. "Gente de perros" son habitualmente de esa forma. Tener una relación amorosa con un perro es tan gratificante. De veras, no hay otra criatura que tenga tales sentimientos sensitivos. Su perro acepta todos sus ánimos, sus éxitos y fracasos, aún su mal aliento.

Los libros sobre el cuidado y el amaestramiento del perro abundan en el mercado estos días. Pero a menudo los libros sobre el amaestramiento son orientados hacia la exhibición o la obediencia. Lo que necesita el dueño común de un perro es un libro para usar día a día que trata de como vivir felizmente con el perro. Este es ese libro. Usted puede amaestrar a su perro con sólo pasar tiempo con él cada dia – mi método enfatiza eso.

Pues sientese, y quédese un rato, se pone listo para embarcarse en una gran aventura – la posesión exitosa de un perro.

Oso Pequeño, un perro Galés, es un miembro de mi familia canina, y tiene "Just House Manners" (Sólo Buenas Costumbres.) Sin embargo, él es de una raza con instintos por reunir en manada naturales – como lo demuestra aquí con una de las cabras. Antes de comprar un cachorro o nuevo perro, es importante hacer los deberes e la investigación con respecto a la raza.

Capítulo 2

Dog Daze
(Los días de los perros)

Cada vez que visito nuestros refugios humanitarios locales, veo frecuentemente perros y cachorros de seis meses hasta diez y ocho meses de edad no queridos. Los carteles en las jaulas explican las razones por haber dejado estos ángeles: "NO DOMESTICADOS" o "NECESITA ESPACIO PARA CORRER" o "MUDANZA." Para mí, esas palabras son tristes, no son excusas válidas, sino que ¡una verdadera evasión de la responsabilidad! Ellos tapan algunas otras verdades y son una forma fácil de decir, "¡Yo no tenía ni idea de cómo amaestrar esa amorosa bola de piel de ocho semanas de edad! Se transformó en un monstruo impredicible, masticador, y yo tuve que deshacerme de él para mantener mi lucidez o mi familia."

Las estadísticas nacionales confirman que el 40 porciento de todos los animales caninos adquiridos o recibidos terminan en las sociedades humanitarias locales, tirados en los caminos del campo, o en perreras locales dentro del primer año de sus vidas. Estos animales son la basura de la gente que alguna vez los recibió en sus hogares y sus vidas y por un tiempo les dieron sus apellidos. No necesita ser de esta manera.

Los padres tienen buenos motivos al principio: "Los niños querían un perro y nosotros, los padres, queríamos enseñarles responsabilidad." Pero la novedad se agota rapidamente. Después de la primera semana, cuando todos se dan cuenta de cuánto trabajo lleva el nuevo, cuatro patas miembro de la familia, y usted tiene miembros de su familia corriendo apurados con la escuela, fútbol, y la práctica de béisbol, el cachorro se convierte en una carga. Nadie quiere cuidarse de él. Entonces el perro hace algo mal y Papá culpa a Mamá, y Mamá culpa a los niños. Antes que se den cuenta, toda la casa está preocupada.

La idea de que un niño pueda obtener responsabilidad cuidando un cachorro juguetón tiene desventajas reales. Mírelo desde el punto de vista del perro – para él, su niño es otro "cachorro," un compañero de juegos. Puede ser que no es bastante un niño maduro para atender a un perro: ¿Querría usted que una persona de ocho años sea responsable por todas sus necesidades, incluyendo el alimentarlo y llevarlo al baño de forma regular?

No me interprete mal. Yo sería la última en decir que los niños no deberían involucrarse en el cuidado de un animal. Por supuesto que deberían, y de verdad termina enseñándoles la responsabilidad. Pero los niños no deberían ser totalmente responsables por el perro que usted trae a la casa. Usted debería serlo y lo que se necesita es un plan efectivo. Ese plan puede ser implementado en su propio hogar, con la familia entera participando.

Usted no tiene que llevar a su perro a una escuela de obediencia cara y que le consuma mucho tiempo a menos que usted desee exhibirlo. La familia ordinario puede amaestrar a un perro en el hogar con métodos simples que no llevan horas. Y recuerde que un perro que se comporta bien en la casa se comporta bien afuera de ella.

Yo utilizo el término "comportamiento de hogar," y eso significa justo lo que dice: Yo pienso que todos queremos un perro que se comporte en la casa, no manche la alfombra, venga cuando se lo llame, no olfatee o salte a los invitados, y que no ladre todo el tiempo o demande atención. En otras palabras, nosotros queremos un perro con "Just Hose Manners" (Sólo Buenas Costumbres!) Ese tipo de perro se queda.

Yo recomiendo que lea este libro completamente antes de que se embarque en el camino de ser dueño de un perro. No tardará mucho – Yo lo considero una lectura de cuarenta minutos para un plan de toda la vida. (Nota: Si usted está planeando exhibir a su perro, éste no es el libro para usted. Lo que usted necesitará es uno escrito específicamente sobre la exhibición de los perros). Este libro es el método corto y más dulce, hacia la armonía doméstica con su perro, no el camino a la cinta azul.

Mi método utiliza lo que yo llamo "el susurro al perro" – es eficiente y simple, demandando sólo consistencia, adherencia a las reglas, y un interés verdadero en su animal. Y lo más importante, ¡no habrá refugios de animales o perreras con control de animales para aquellos que usen este libro!

Capítulo 3

¡Vamos a comenzar!

Lo primero que Usted puede esperar cuando adopte un perro es una mayor alteración en su estilo de vida. La estructura de su familia, decoracion, y tiempo disponible son todos los factores para considerar cuando se determina el tipo de raza del perro que va a elegir. El elegir el tipo de perro mejor para Usted es tan personal como elegir el tipo de auto, ropa interior, o un compañero. La selección requiere no sólo pensamiento, pero tambien investigación. De manera de hacer las cosas más fáciles para todos los interesados, se debe tener en consideración un número de variables, tales como

- ¿Quiere usted una raza pura o mezclada?
- ¿Prefiere usted perros grandes o pequeños?
- ¿Que tan tolerante es usted de niveles de energia alta y "errores?"

- ¿Hay ninos en casa, y que edad tienen?
- ¿Que sucede si el perro muerde?
- ¿Le molestaría la perdida del pelo?
- ¿Que edad tendría el perro cuando used lo lleve a casa?
- ¿Que piensa sobre domesticarlo, castrarlo y sacarle los ovarios?
- ¿Cuanto sabe usted sobre los cuidados básicos y la alimentación de este bultito de perro?

Ahí está! Usted sabe las preguntas principales. Ahora usted necesita algunas respuestas.

¿Debo conseguir un perro callejero o uno de raza pura?

Yo amo las razas mezcladas, o "callejeros." Ellos tienden a ser uno de los perros más inteligentes conocidos por el hombre porque no hay endogamia. De hecho, muchos de los perros en el mundo del espectáculo – en las películas o en la TV – son callejeros. Mírelos. Hay miles de ellos y vienen en una variedad interminable de formas y tamanos. Su refugio humanitario local tiene una disponibilidad de cientos de perros con un fino potencial cuyos únicos pedigríes son su buena manera, inteligencia aguda, y un deseo enorme de amar a todos en la familia – niños y adultos – si se les da media oportunidad y si les amaestra correctamente.

Una visita al refugio de animales se puede hacer juego encontrarse con una de estas maravillosas criaturas a cambio de algunos costos por vacunas y castrar/

quitar los ovarios. Sin embargo, si usted elija el perro cuidadosamente y lo/la amaestre correctamente, usted y su familia serán recompensados. Por otras fuentes para perras encontrar con nuevas crias, ponerse en contacto con el American Kennel Club, pregúntele a su veterinario sobre criadores confiables, y pida sugerencia de los amigos y conocidos.

El tamaño no es necesariamente todo

Yo personalmente quiero a todos los tamaños de perros – grandes, medianos, y pequeños – y yo he criado y cuidado de todos los tipos y me gustan todos por igual.

Yo le ofrecere algunas generalizaciones: Perros grandes (alrededor de 100 libras o más) se adaptan muy bien a vivir en un piso o en una granja, tal como pueden pasar bastante tiempo con sus humanos. Por lo tanto, no base su elección de perro ni en su tamaño o el de su casa. En cambio, base su decisión en si usted quiera un gran oso como animal o un amoroso pequeño perro faldero, o tal vez algo entre medio. Sin embargo, por favor ten cuidado porque si usted tenga algún impedimento físico o sea una persona mayor, los perros grandes puedan ser difíciles de manejar y podrían hasta lastimarle accidentalmente debido a su tamaño y entusiasmo. Por el lado positivo, mientras que la mayoría de los perros pequeños tienden a ser excitables y de ladridos agudos, los perros grandes se inclinan más a ser melosos y con una personalidad tranquila. Los perros de talla mediana pueden ser de cualquier forma – dependiendo de la raza (o razas) que sean – ¡o ellos pueden ser los justos!

Recuerde, cualquier perro, grande o pequeño, se puede descontrolar. Ya que el tamaño y la personalidad están relacionados con la raza, usted puede obtener información específica sobre las características de las diferentes razas de los libros que tratan de la raza de perros en la biblioteca, de su veterinario, o de la tienda de animales. Aviso: Aunque los criadores pueden ser muy útiles en hacer una selección, no llame a uno hasta que haya estrechado su elección de perro con su propia investigación con libros y un veterinario. Una vez que haya elegido una raza, encuentre un criador de confianza al cual pueda comprarle su cachorro. (Nuevamente, la oficina de su veterinario puede ayudarle encontrar un buen criador, o contacte al American Kennel Club.)

¿Se llevarán bien los niños y el perro?

Si usted tenga niños (siete años o menos), usted debería solicitarle a su veterinario local una lista recién hecho de razas que se llevan bien con los niños y aquellos que son más ariscos y más propensos a morder. Por favor, recuerde que aún cuando ellos son maravillosos y fáciles de congeniar en cada raza, usted no querría jugar a la ruleta Rusa cuando tenga que elegir un nuevo miembro canino de la familia como compañero de sus niños. Los niños deben tener reglas estrictas cuando estén interactuando con un cachorro o un perro adulto, y cualquier niño bajo la edad de los siete años debe siempre tener la supervisión de los padres cuando esté jugando con el canino.

Las reglas para los niños

• A los niños menores de siete años nunca se les debe permitir levantar un cachorro nuevo del suelo. Si el cachorro se caiga, se pueda lastimar gravemente o quedar permanentemente traumatizada psicológicamente. Muchos de los cachorros que son tirados por los niños a menudo no les gustan a los niños pequeños cuando alcanzan la madurez. Yo explico más de este tema en la sección sobre el "periodo de temor" en este capítulo.

• No se les debe permitir a los ninos recostarse sobre el animal de la familia o tampoco usarla como una alfombra. Si un animal domesticado se lastime, usualmente le siga una mordida en defensa propia. También, cuando un niño se coloca al nivel de los ojos, muchos perros puedan interpretar que el contacto con ellos es amenazante, y el perro se va a defender.

• La supervisión de un adulto es siempre absolutamente necesario cuando un cachorro o perro adulto llega por primera vez a la casa donde hay niños. Se debe tratar a todos los animales domesticados con mucho respeto y no como un nuevo juguete.

¿Qué importa un poco de pelos sueltos entre amigos?

Si usted sea una ama de casa quisquillosa o tiene miembros de su familia con alergias, en que cantidad un perro pierde el pelo podría ser un factor importante en su elección. Muchas razas, particularmente las cubiertas con risos o los de tipo pelo cableado tienden a no perder tanto. Recuerde, sin embargo, que estos perros requieren un cepillado regularmente – ya sea que usted lo haga o se lo haga un profesional, debe considerar el tiempo y el costo que esto involucra. También, recuerde que si elija un perro con pelo largo o corto, todos pierden el pelo, particularmente en la primavera y el otoño. Y por supuesto, los perros de pelo largo requieren más cepillado debido a su pelo enredado – otra consideración.

Los bebés, los niños, y los cachorros pueden llevarse bien en una casa si se sigan todas las "reglas para los niños."

¿Qué edad debe tener el cachorro que consigo?

Donde quiera que consiga a su cachorro, yo le sugiero que él se acerque a las ocho semanas de edad antes de traerlo a casa con usted – los pequeños todavía necesitan a sus mamis. (Los cachorros pasan por su primer período de temor entre las ocho y las diez semanas. Los períodos de temor están explicados en la siguiente sección.) Sin embargo, yo a veces hago una excepción a esta regla, si el cachorro es de raza grande. Los de una raza grande crecen rápidamente y pueden pesar de veinticinco a treinta libras para el momento en que tengan las ocho semanas de edad.

Los cachorros desarrollan muchos rasgos distintivos de personalidad para el momento que tienen ocho semanas de edad. Cuando eligiendo un cachorro de entre la cría, busque uno amigable y juguetón. Cuando busque un cachorro, yo le recomiendo que no elija una tímida. Sí quiere, sin embargo, un cachorro que es sumiso y que demuestra un deseo de ser un animal domesticado.

Una prueba para ver la compatibilidad con un niño pequeño es recostar al cachorro de espaldas sobre el suelo y mantenerlo abajo rascándole la pancita. Si se queda así tranquilo, es una buena indicación que el cachorro es sumiso y tendrá calidades sumisas. Sin embargo, no hay una prueba sin error para elegir un nuevo cachorro.

Recuerde, para el propósito de domesticarlo, que la mayoría de los cachorros no tengan buen control de la vejiga ni del intestino hasta que tienen alrededor de doce semanas de edad. Si esté buscando en la perrera o en la sociedad humanitaria, usted encontrará muchos perros, de razas mezcladas y de raza pura, que ya tienen de seis meses hasta diez y ocho meses de edad, la cual es una gran edad para comenzar el amaestramiento. Una parte del trabajo ya está hecho para usted debido a la edad del perro. También, usted puede decir mucho de la personalidad del perro cuando un animal es mayor, de manera que le recomiendo que echarle un buen vistazo a un cachorro que tenga apenas un poco más de edad.

Períodos de temor

Los cachorros pasan por dos períodos de temor. El primero occurre cuando tienen entre las ocho y diez semanas de edad. El segundo, el cual dura alrededor de dos semanas, sucede entre las edades de cuatro meses y los doce meses. El primer período de temor está bien definido, pero el segundo puede caer en cualquier tiempo entre los cuatro y los doce meses de edad. Durante esos períodos, la parte del cerebro del perro que registra el temor se desarrolla, y evidentemente les sucede sin importar la raza, ya sea un Gran Danés o Maltés o callejero.

Si algo sucede que asuste a un cachorro durante el período de temor, es muy probable que se manifieste más tarde en la vida del perro. Por ejemplo, como yo lo mencioné anteriormente, si un niño está llevando a un cachorro y lo deja caer y se lastima, y además el cachorro está pasando por el período de temor, es muy probable que crezca sin gustarle los niños. O, si pasa una tormenta con rayos relámpagos y truenos fuertes que asusta al cachorro, él podría desarrollar temores a las tormentas que sólo se verán intensificados a medida que él crece. Por lo tanto, es importante proteger a su cachorro de crísis serias durante el primer año de su vida. (Entraré más detalles de cómo manejar los temores en este libro más adelante, cuando discuto sobre si un perro podría necesitar modificaciones en su comportamiento.)

Comportamiento habitual

Perros (y cachorros) aprenden nuevos comportamientos bastante rápido, especialmente cuando son usadas las recompensas con comida y verbales. Sin embargo, el comportamiento requiere un mínimo de tres a cuatro meses para ser habitual. Esta es una de las razones importantes por la cual su perro necesita estar con su correa por adentro de la casa, trabajando sobre sus nuevos comportamientos a diario.

Déjame explicarlo de otra manera: Si usted fuera a la China por una semana y no pudiera hablar el idioma, usted probablemente aprendería varias palabras y frases, tales como "Taxi," "¿Cuánto es?" y demás. Entonces usted volvería a su casa en su país, y dentro de más o menos un mes, probablemente se olvidaría casi de cada palabra o frase que usted haya aprendido. En cambio, si usted estuviera allí por tres o cuatro meses, casi seguro que nunca se olvidaría de las palabras o frases que usted aprendió – éstas palabras estarían incrustadas en su mente. Compáre esto con su perro aprendiendo su nuevo lenguaje. El perro está aprendiendo sus señales y comandos, y dentro de los tres o cuatro meses él las sabrá y nunca se los olvidará, así como sus nuevos comportamientos.

Haciendo sociable a su recientemente adquirido cachorro o perro adulto

Enseñandole a su nuevo miembro canino de la familia como llevarse bien con los humanos y otros perros es extremadamente importante. El perro debería comenzar a ser socializado en el momento que usted lo trae a la casa.

Su nuevo cachorro o perro necesita otros compañeros caninos. Para encontrarlos, usted puede unirse a una clase para cachorros, ir a un parque para perros, o encontrar un perro adulto que sea amigable con otros perros. Las reglas son simples:

- **Siempre tenga a todos los cachorros o perros con sus correas cuando los presente a otros canes (en caso que usted necesite separarlos), pero deja caer la correa. Sí, deje caer la correa. Los canes se tienen una actitud más amistosa cuando están por sus cuentas, sin que un humano en otro lado de la correa.**

- **Al primer señal de cualquier agresión, saque a su cachorro o perro de la situación. Un cachorro en un periodo de temor podría quedar permanentemente traumatizado por la agresión de otro perro, y podría no gustarle a otros perros cuando llegue a su edad adulta. Si se suscita una situación agresiva, encuentre un compañero canino más amigable para su cachorro de manera de hacerle saber que no todos los canes son agresivos.**

- **Si usted quiere traer un segundo perro adulto a su casa, consiga que un amigo te ayude, y encuentre un** área segura y neutral (un parque, la casa de un amigo-cualquier lugar pero que no sea su casa) donde los perros puedan ser introducidos de manera que su primer perro no se sienta amenazado en su propia casa. Que su amigo tenga al perro nuevo atado con su correa, mientras que usted también tenga al primero. Trate de caminar con ellos lado a lado. Si esto va bien, trate de iniciar un juego con dos pelotas, una para cada perro, y progrese con el juego a medida que los perros se sientan más cómodos uno con el otro. Mientras están jugando deje caer las correas. Si sucede una agresión, detenga el juego y vuelva caminando con ellos lado a lado hasta que la agresión se detenga. Una vez que los perros encuentran su zona de tranquilidad, vuelva a jugar.

Ahora que los perros se conocen, los puede llevar a ambos a casa, pero asegúrese que su primer perro entre en la casa primero. Durante las próximas semanas, cada vez que usted entre a su casa, dele la bienvenida primero a su primer perro antes que al segundo. Esto le permitirá al perro dominante encontrar su lugar naturalmente. También, deje que los perros jueguen en el patio lo más posible sin que usted esté presente. Haciendo esto, no se sentirán que tienen que proteger lo/la a usted y serán capaces de encontrar su propio nivel de comunicación.

- Si la agresión entre los perros se convierte en un problema persistente, contacte a un amaestrador/a profesional o un especialista en modificación de conductas, inmediatamente.

- Siempre tenga recompensas a mano para que los visitantes les den a sus perros así que los perros se habitúan – y les den labienvenida – a la gente que entra a su casa.

¿Qué sucede con la castración?

Yo creo firmemente que todos los perros deberían ser castrados (los machos) o sacados los ovarios (las hembras) a menos que tenga planes por críareos o exhibirlos. Esta cirugía elimina muchos comportamientos no deseados en ambos los perros machos y hembras sin quitarles las agallas de sus personalidades.

Manejarse con una perra que está en celo es un reto muy grande, un problema que hay que experimentar, y no es necesario si usted no está planeando que su perra tenga cría. Las perras usualmente están en celo dos veces por año por aproximadamente tres semanas cada vez. Ellas frecuentemente pasan por cambios de personalidades neuróticas y pueden llegar a ser agresivas hacia usted y con cualquiera con la que ellas toman contacto.

Los perros machos pueden oler a una perra que está en celo a una milla de distancia, de manera que esté preparado para tener "visitantes" en su puerta. También esté preparado para que su perra tire la puerta abajo en su esfuerzo por llegar a sus pretendientes. Los perros a menudo se tornan muy agresivos cuando una perra en celo está cerca de ellos y aunque no todos los perros se involucran, la mayoría de ellos sí. En mi experiencia, mis perros machos cada tanto pierden su cordura completamente por un rato.

Por otra parte, tal vez la idea del problema de una perra en celo no le moleste a usted. O usted ha adquirido este hermoso perro con pedigree, y piensa que le gustaría probar su mano en la cría de cachorros. Esté prevenido, y esté preparado para el costo que está asociado con la crianza y el cuidado prenatal de la mamá y las ocho semanas de cuidado casi constante hasta que Ud. venda o les encuentre un hogar para los amorosos cachorritos resultantes. La madre detiene – repito, ¡Detiene! el lavado de sus cachorros cuando tienen alrededor de tres semanas de vida, o cuando usted comienza a darle el suplemento alimenticio. De manera que no sólo usted tendrá charcos y montonsitos de cachorros por todos lados, al mismo tiempo usted debe hacerse cargo de la alimentación tres veces por día. Y la comida de los cachorros es cara, como lo son las primeras vacunas y desparasitantes que los cachorros necesitarán antes de irse del lado de la madre.

Usted pueda tener bailando en su cabeza visiones rosadas de ganancias hechas por la venta de esos bultitos preciosos a posibles dueños agradecidos y responsables. Pero piensa en esto: ¿qué sucede si usted no los venda enseguida – o nunca?

Si el hacer dinero con la venta de cachorros no es la razón para no castrarlos o retirarles los ovarios a su perro, y usted no puede hacerse cargo del procedimiento, por favor llame a su sociedad humanitaria local. Ellos tendrán una lista de veterinarios en su área quienes harán la cirugía a un costo con descuento o gratis, dependiendo en las circunstancias.

Lista de productos para perros

Antes de que usted traiga su perro a casa, usted necesita preparar su hogar para el nuevo miembro de la familia – y el equipo es de gran importancia.

Junto con un buen veterinario, los artículos que se deben tener incluyen una jaula, una cama para perro o alfombra, un collar identificatorio, correas para adentro y afuera, y juguetes de goma dura. Estas y otras recomendaciones, también como los "debe hacer y no debe hacer," están abajo descriptos.

Jaulas

JAULAS DE ALAMBRE – ¡Usted definitivamente, positivamente, sin lugar a dudas, debe comprarse una jaula! La jaula debe ser una de las guarderias en su hogar. La jaula necesita estar cerca de la familia. Si usted esté planeando confinar a su perro en un lugar fuera del camino tal como el baño, el lavadero, o el pasillo de atras, entonces prepárese para las molduras del piso masticadas, el empapelado, y puertas razguñadas. Pero cuando eso sucede, sólo usted es culpable – no el perro.

Las jaulas hechas en América son mis favoritas (ellas están muy bien construidas). Duran muchos años y son fáciles de mantener, y usualmente son fáciles de desmontar y guardar. También, porque la jaula de alambre le da al perro una clara visión de sus alrededores, el mismo no se sentirá claustrofóbico.

Usted necesita comprar sólo una jaula para la vida del perro. La jaula debe ser suficientemente grande para que su perro se pueda levantar y se dé vuelta confortablemente cuando él o ella ha crecido completamente. Sin embargo, mientras que su cachorro sea jóven y pequeño, usted podría querer comprar un "divisor de jaula." Su amaestrador/a le puede aconsejar sobre este tema.

JAULA DE PLASTICO DURO – Una jaula de plastico duro, hecha de listones, debe ser usada solo cuando se viaje. La mayoría de las aerolineas requieren este tipo de jaula si el perro va a ir al sector de carga.

JAULA DE MALLA (SUAVE) – Estas jaulas se están haciendo populares con los dueños de perros. Son fabulosas si usted va a estar cerca del perro cuando se use, y asi prevenir mordidas y posibles vuelcos. Estas jaulas blandas son excelentes también para viajar en aviones si su perro es lo suficientemente pequeño para calzar debajo del asiento adelante del suyo.

❧ Camas para perros o alfombras

Usted debe tener una cama para el perro o una alfombra. Estas son cruciales en mi plan de amaestramiento. Las camas para los perros vienen en muchas formas, tamaños y colores. Yo recomiendo cualquiera de todas, tanto como tengan un cierre en la funda para ser lavada. La mayoría de los perros de raza pequeña les gusta con los costados levantados. Si usted tiene un perro de raza extremadamente pequeña, usted podría averiguar sobre camas para gatos. Yo tengo varias camas para perros en mi casa haciendo juego con el color de la habitación en la cual están – no todos tienen que parecerse. Ellas se convierten en la guarida de su perro cuando él está fuera de su jaula.

❧ Fuentes para comida y agua

Hay muchos tipos de fuentes en el mercado de alimentación estos días, desde estrictamente útiles hasta los decorativos, y ésta es una preferencia personal. Sin embargo, si usted tiene un perro con orejas grandes, a usted le gustaría fijarse en fuentes para comida y agua diseñados para mantener las orejas de su perro fuera del agua – un verdadero salvador de líos. También hay fuentes que su perro no puede volcar – fabuloso para los cachorros.

Es tan importante mantener los platos de su perro tan limpios como usted tendría los suyos, de manera que lave el fuente diariamente. También asegúrese de darle a su animal agua limpia cada día – dos veces por día en clima caluroso.

Los esencial para comenzar – una jaula, una cama para el perro, y fuentes fuertes, resistentes al volcar. Ellie Mae, que se observa aquí, comenzó su amaestramiento en jaula a las ocho semanas de edad, y para el momento en que fue sacado esta foto a las diez semanas, ella estaba bien encaminada para tener "Just House Manners" (Sólo Buenas Costumbres).

❖ Collares

COLLARES DE CADENA DE AHORQUE – Collares de cadena de ahorque son mis collares de amaestramiento menos favoritos. Estos son a menudo usados como un instrumento de castigo y la gente usualmente los usa sin el consejo de un amaestrador calificado. Un collar de cadena de ahorque nunca debe ser usado en un cachorro. Sin embargo, con el consejo de un amaestrador, uno de estos collares puede ser usado para ejercicios específicos. Por favor, tenga cuidado cuando los use.

LOS COLLARES PARA DETENERSE – Los collares para detenerse son muy buenos para el amaestramiento. Están hechos de una pieza continua de nylon que se desliza sobre la cabeza del perro. Su construcción es tres cuartos de nylon, el cual es ajustable, y un cuarto de cadena. Los collares para detenerse son económicos y unos asistentes maravillosos, no agresivos, si son usados con propiedad. También vienen en una variedad de colores.

LO ÚLTIMO EN COLLARES DE AMAESTRAMIENTO (ULTIMATE TRAINING COLLARS™) – Lo último en collares de amaestramiento son personalmente mis favoritos porque no son agresivos. Ellos están construídos completamente de nylon, son ajustables, y tienen un cierre rápido. El círculo plástico donde se coloca la correa sale de la base del collar cuando la correa se retrae. (No todas las tiendas que venden artículos para los animales domesticados tienen este collar, pero están disponibles en Leatherite Nylorite Manufacturing Co. en Lebanon, Indiana. Su número de teléfono es el 317-722-5222.)

LOS COLLARES DÉCORATIVOS – Los collares décorativos vienen en muchos colores, tamaños y formatos y están hechos de materiales variados. Estos son fabulosos si usted no está experimentando problemas de amaestramiento o su perro ha completado todo su amaestramiento.

LOS COLLARES DE PINCHES – Los collares de pinches (también llamados collares de púas) deben ser usados sólo con el consejo de un amaestrador/a canino/a profesional. Estos collares son menos daniños que uno de ahorque y pueden ser muy efectivos. Dan un pinchazo en vez del ahorque si es usado con propiedad. Estos collares han salvado a más de un perro de haber sido entregado a un Centro para Perros Abandonados.

LAS GUÍAS GENTILES – Mi elección personal – son un tipo de cabestro que es más caro que cualquier otro en el mercado. Sin embargo, es una buena inversión y son mis favoritos de todos los cabestros disponibles. Si usted va a utilizar un cabestro, entonces adquiera el video con instrucciónes para usarlo o busque consejos de un amaestrador profesional. Muchos amaestradores (incluyéndome a mi) y dueños de perros aman este tipo de collar y estarían más que felices de asistirle a usted con su elección.

❖ *Correa*

CORREA PARA INTERIORES – Este es una de las llaves de mis secretos de amaestrar. Una correa para interiores es cualquier correa de cuatro a cinco pies de nylon con una hebilla ligera que se adjunta al collar. Mucha gente que tiene cachorros o pequeñas crías usan las correas de los gatos. La correa para interiores es de lo que se trata el "susurrando al perro "– preparando al perro para el éxito, no el fracaso. No esté en casa sin una de ellas.

CORREA PARA EXTERIORES – La correa para exteriores debería ser al menos de seis pies de largo (de manera que el amaestramiento pueda realizarse mientras usted está caminando a su perro) y puede ser hecho a su elección de cuero, nylon, o tela – pero no de cadena.

CORREA RETRACTABLE – Yo amo a las correas retractables *solamente* después de que su perro esté amaestrado para caminar a lo largo de la calle sin que le esté tirando a usted. También son muy prácticos si ésta es la única manera que usted tiene para ejercitar a su perro o si usted está viajando y necesita hacer una parada para que haga sus necesidades.

CINTURONES DE SEGURIDAD PARA PERROS – Los cinturones de seguridad para los perros están disponibles en el mercado y no son caros. Estos vienen en muchos tamaños y son buenos para viajar con su perro. Yo hablaré más sobre éste producto en la sección sobre viajando con su animal.

LOS CABLES PARA ATARLOS AFUERA – Los cables para atarlos afuera pueden ser muy útiles si son usados con propiedad. Los siguientes son un par de circunstancias donde yo recomiendo el uso de cables:

* Si usted no tenga un patio con cerca y ésta es la única forma en que el perro pueda estar afuera y se acueste bajo el sol de vez en cuando.

* Si usted no deja a su perro todo el día o noche atado al cable.

Recuerde – su perro tiene su apellido y necesita estar adentro con su familia. Encadenar un perro afuera por largos períodos de tiempo pueden crearle un estrés y resultar así en un perro agresivo.

🐾 *Recompensas orientadas hacia la comida*

Las recompensas orientadas hacia la comida son fáciles de usar y son un deber cuando se le está enseñando a un perro un nuevo comportamiento. Todos los perros son motivados por la comida – un perro que no acepta la comida es un perro estresado. Las comidas para recompensa deberían ser deseables y en muy pequeños trozos – no más grandes que la uña de su dedo más chico – para que sea un

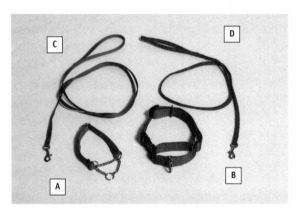

Yo prefiero los collares no aversivos, tales como lo parte de nylon, parte de cadena collar de detenerse (A), y mi favorito, el collar para amaestramiento de Ultima Generación todo de nylon (B). Una correa fuerte para afuera (C), de alrededor de 6 pies de largo, es vital; pero tan importante es una correa para interiores 4 a 5 pies de largo (D) – una de las claves de los secretos para enseñan exitosamente "Just House Manners" (Sólo Buenas Costumbres).

bocado de recompensa, no una comida entera. Si Ud. desea utilizar huesos para perros, entonces póngalos en una bolsa de plástico y martíllelos para romperlos. También ayuda a cambiar la comida a menudo – Cheerios sencillos o hasta cubos de hielos son buenas eleccíones, y a algunos perros les gustan las verduras y el ajo. Cuando se les está enseñando un nuevo comportamiento, recompense cada uno de sus reaccíones correctas. Las comidas como recompensas deberían estar donde quiera que el cachorro va a estar mientras él está atravezando por el amaestramiento. Yo los mantengo por toda la casa en recipientes de plástico con tapa. Lo importante para recordar es que las comidas de recompensar deben estar inmediatamente disponibles en cualquier momento que su perro haga un comportamiento apropiado. Ud. tiene sólo dos – ¡dos! segundos para recompensar a su perro por su buen comportamiento de manera que él o ella haga la conexión.

❧ Bolsa de golosinas

Las bolsas de golosinas que usted se abrocha en su cinturón o pantalones están disponibles en la mayoría de las tiendas para los animales domesticados. (Si usted es creativo, las puede hacer usted mismo, o usted puede aún usar una pequeña billetera de cintura.) Estas bolsas son muy prácticas mientras está amaestrando. También, mientras su perro está en medio de amaestrar, siempre considere su tiempo de caminar como tiempos de amaestrar. Ayuda tener una bolsa de golosinas colgando con las correas para tener las golosinas siempre listas a cualquier hora que usted vaya a caminar.

❧ La voz

Su voz puede ser su mejor ventaja – y es gratis. Sea consistente con su voz de "comando" y su voz "amorosa" así que su perro sabrá la diferencia. Yo me refiero a mi voz de comando como la de "Dios a Moisés." Si Dios hablase, ¿Usted no escucharía? En vez de una voz áspera, la voz de comando es una voz que consigue la atención.

"Clickers"

Un "clicker" es un pequeño aparato que usted sostiene en el mano, y es una forma maravillosa de amaestrar a un perro para que responda. Varios artículos han sido escritos sobre los beneficios del amaestramiento con el "clicker" (varios por Julie Shaw de la Universidad de Purdue), y clases y libros éstan disponibles. Yo recomiendo altamente este tipo de amaestramiento como muy efectivo; sin embargo, usted debe ser muy dedicado, y este método requiere más tiempo que el plan de "Just House Manners" (Sólo Buenas Costumbres).

Productos con descargas eléctricas

LAS CERCAS ELÉCTRICAS – Las cercas eléctricas son una invencion maravillosa, especialmente con las ordenanzas de los vecinos y presupestos limitados. Sin embargo, siempre recuerde que algunos perros pueden atravesarlas, y no mantienen alejados de su animal a otros perros o predadores. No detienen tampocoa las personas – su maravilloso perro amaestrado puede ser robado. Una cerca común es mi favorita, pero si esa no está en su presupuesto, opte por la cerca electrificada.

LOS COLLARES ELECTRÓNICOS ANTILADRIDOS – Los collares electrónicos antiladridos pueden ser un instrumento muy efectivo si funcionan adecuadamente (los modelos más económicos a menudo no trabajan correctamente). Ya que ellos causan molestias y pueden aún ser dolorosos para el perro, estos collares deben ser usados solamente si todos los otros métodos verdaderos de amaestramiento han sido agotados.

ALFOMBRA DE EDUCACACIÓN – Alfombra de educación es una con un cable que usted enchufa en la pared, y usualmente son usadas para mantener al perro lejos de los muebles. Es una buena ayuda para el amaestramiento mientras que usted lo use consistentemente.

COLLARES ELECTRÓNICOS PARA EL AMAESTRAMIENTO – Collares son caros (muchas compañías los fabrican) y deberían ser usados sólo con el consejo experto de un amaestrador calificado o un especialista en comportamiento de animales, y sólo si su otra consideración es la eutanasia. Por favor, investigue todos los otros métodos convencionales de amaestramiento, primero.

Campanas para domesticar

Estas campanas son una ayuda económica y son fabulosas para domesticar – yo creo que ellas son una necesidad absoluta cuando esté domesticando su perro. Las campanas – dos o más – son ajustadas a un cable el cual está adherido a una taza de succión (de goma). Adhiera la taza al nivel donde el perro pueda alcanzar las campanas sobre la puerta por la cual él sale a hacer sus necesidades. No va a pasar mucho tiempo antes de que el perro aprenda que cada vez que suenan las campanas, la puerta se abre – acondicionamiento clásico. Todavía no he tenido un perro o cachorro que no haya aprendido éste truco dentro de las dos o tres semanas.

La taza de succión le permite a usted mover las campanas arriba y abajo de la puerta a medida que su perro va creciendo, y las campanas no se enganchan en la puerta cuando ésta se abre o se cierra. Sin embargo, puede ser que la taza de succión no se adhiera a una puerta de madera, en cuyo caso usted tendría que adherirlas al pomo de la misma. Este puede ser un pequeño problema cuando se abre o cierra la puerta, pero su perro no fallará en hacerle saber que necesita salir.

Desodorantes neutralizadores

Un producto que neutraliza los olores (hay muchos en el mercado) hay que tener a mano en caso de que su cachorro tenga un accidente. Siempre limpie la mancha del accidente meticulosamente y después moje con un desodorante neutralizador. Estos "desenmarcan" el área, y el cachorro probablemente no vuelva a ese lugar para hacer sus necesidades otra vez.

Juguetes para perros

LOS JUGUETES DE GOMA DURA – Usted *tenga qué* adquirir por lo menos un par de juguetes de goma dura (Yo personalmente tengo uno para cada uno de mis perros para cada día de la semana.) Estes son los instrumentos de amaestramiento más grandes en el mercado, y están disponibles bajo muchas marcas, tales como "Kong," "Treat ball," o "Power Chew." Estos juguetes vienen en tamaños diferentes de manera que usted pueda comprar el tamaño correcto para su perro. Son seguros para el lavaplatos, y usted los usará por toda la vida del perro.

CUERO SIN CURTIR – Es difícil para mi resistir la sección de juguetes cuando visito una tienda de artículos para los animales domesticados. A los perros de todas las edades les encantan los juguetes para masticar de cuero sin curtir – huesos, orejas de cerdo, y demás. Solo esté seguro de adquirir productos de cuero sin curtir que le quedan bien el tamaño de su perro.

HUESOS DE NYLON – Si usted tiene un cachorro que le están creciendo los dientes, yo le recomiendo estos huesos para masticar de nylon duro. Son muy buenos para todas las razas que son masticadores (aunque la mayoría de las razas son masticadores hasta cierto punto) y vienen en varios tamaños y sabores para complacer a distintos tamaños y paladares de perro.

El período más fuerte de masticando usualmente comienza cuando el cachorro es muy jóven y dura hasta que él o ella tiene de veinticuatro a treinta meses de edad. Una de las razones por las cual los huesos de nylon están dentro de mis juguetes favoritos para los perros es porque ellos duran más tiempo que los de cuero sin curtir. Sin embargo, yo le recomiendo que usted compre los dos: huesos para masticar de cuero sin curtir y huesos de nylon.

JUGUETES DE PAÑO PARA ANIMALES – El departamento de juguetes de paño para los animales está lleno de diferentes juguetes de paño – los perros les encantan y son fáciles de lavar.

Recuerde, el masticado es normal en los perros, de manera que no se preocupe si su perro destroza éste tipo de juguete.

JUGUETES DE SOGA – Los juguetes de soga son buenos para que el perro juegue con otros perros. Este juguete puede crear una necesidad de jugar al "tira y afloje," lo que para los perros es el juego del poder. El "tira y afloje" le enseña al perro a morder; por lo tanto, los juguetes de soga deben ser prohibidos para cuando juegan el humano y el perro. Sin embargo, dos perros pueden jugar al "tira y afloje," sin consecuencias agresivas.

PELOTAS DE TENIS – Un juguete que hay que tenerse para perros son las pelotas de tenis que vienen en muchos tamaños, de manera que usted puede elegir la talla correcta para su perro. También hay disponibles las pelotas adheridas a sogas flotantes por si usted tiene un perro de agua (tal como un perro cobrador) o vive sobre o visita un lago.

JUGUETES QUE RECHINAN – A la mayoría de los perrosles encantan los juguetes que rechinan, pero yo le debo advertir que el aparato que rechina puede ser masticado y tragado. Si uno de ellos se le queda atrapado en el sistema digestivo del perro, su animal tendrá que sobrellevar una cirugia de emergencia carísima y que podría también costarle la vida. No les prohíba los juguetes que rechinan a los perros, pero déjelos jugar solo bajo su supervisación, y guárdelos cuando termine.

❖ *Ayuda para la domesticación*

ALMOHADILLAS PARA LA DOMESTICACIÓN – Las almohadillas para la domesticación son buen instrumentos para las personas que viven en apartamentos altos, gente mayor que no puede salir con mal clima, perros muy pequeños (muchas de las razas medidas jugetes) quienes no tienen capacidad para los elementos afuera, o los que por alguna razón no pueden ser domesticados. Las almohadillas (hay de varios tipo para elegir) tienen una esencia para los perros que ellos pueden oler pero usted no. Esto estimula al perro a usar la almohadilla como les gusta "marcando el territorio," haciendo sus necesidades sobre las de otro perro.

Estas almohadillas pueden ser colocadas al lado de la puerta de atrás en el garage, y usted puede llevar a su perro a hacer sus necesidades, y las almohadillas permiten una fácil limpieza.

Usted todavía puede amaestrar a su perro para ir afuera a hacer sus necesidades, pero para los perros de raza medida juguete y los de "piel delgada" quienes son sensibles al frió, usted querrá colocar las almohadillas en el garage durante los meses de invierno más intenso.

CAJAS DE BASURA – ¡Estas no sólo son para los gatos! Estas son efectivas y útiles, y como las almohadillas, las pueden ser usadas a menudo para cachorros, perros que viven en apartamentos altos, perros con dueños mayores, y durante un mal clima.

ROPA PARA PERROS – La ropa para perros viene en muchos estilos y colores para todas las estaciones. Diviértase y vista a su bebé. Muchos perros casi necesitan un armario para todas sus ropas. Los niños también se divierten con los disfraces de Noche de Brujas y Navidad.

ARTÍCULOS DE VIAJE – Los artículos de viaje están disponibles en algunas tiendas de animales. Usted puede comprar uno ya armado o usted puede hacerse el suyo. Una buena caja de plástico duro con los productos esenciales para el perro es una buena idea si usted está viajando con su perro. Agua en una botella y la propia comida de su perro es una buena idea (frecuentemente previene la diarrea). El tener un juego de artículos de viaje ya armado eliminará el olvidarse de cosas necesarias cuando usted esté viajando. Dicho sea de paso, hay muchos hoteles y hosterías que los acomodarán a usted y a su animal sin problemas. ¡Después de leer este libro y siguiendo el programa de "Just House Manners" (Sólo Buenas Costumbres) su perro estará tan bien educado que lo podrá llevar a casi cualquier lado!

Capítulo 4

¡Vamos a traer su nuevo cachorro o perro a casa!

Ahora usted tiene su lista de lo que debe tener. Si usted no tiene los recursos para estos artículos, tales como una jaula, collar de ajuste o el Collar "Ultimate" de Amaestramiento, correas para dentro y fuera, junto con los otros artículos mencionados, usted probablemente no tenga suficiente dinero para tener un perro.

Antes de que usted tenga su cachorro o perro ya debería de haber comprado estos artículos necesarios, los cuales harán la vida para usted y su perro más fácil y mejor organizada. El embalaje ha sido retirado, cualquier arreglo necesario ha sido hecho, y los artículos han sido colocados en las áreas de su hogar donde usted decidió que su perro puede pasar. Ahora está listo para ir a buscar al nuevo miembro de la familia y traerlo/a a casa.

Recordatorio Numero Uno (y nunca lo olvide): El español no es el primer idioma del perro – él no lo entiende. Ahora, habiendo dejado eso en claro, durante el viaje en auto a casa después de haber ido a buscar a su perro, háblele de la manera que quiera, llamándolo un bebé hermoso y demás (ya sabe el palabrerío de bebé). No sólo su forma de hablar será una seguridad para el perro cuando entre a un medio ambiente nuevo y probablemente temeroso, sino que se acostumbrará también a su voz.

Estas "palabras de bebé" tienen un premio adicional: Aún cuando el amaestramiento de su perro todavía no ha comenzado, lo más que le hable a su perro, más pronto él o ella aprenderá a reconocer la diferencia entre su voz amorosa y su voz de comando.

La Ubicación de la Jaula

Durante el primer par de semanas, la jaula de su perro debe estar colocada en un lugar conveniente donde su familia pase la mayor parte del tiempo, tal como la cocina. No sólo esto le permite a su perro ver a su nueva familia, también le permite al perro sentirse seguro dentro de la jaula.

¡Por favor, nunca ponga la jaula en el sótano! Píenselo – ¿le gustaría a usted que lo encerraran en un lugar oscuro, alejado de todos? Si a usted le preocupa cómo se ve la jaula en la habitación o cuánto lugar ocupa, recuerde que estará en este lugar sólo temporalmente. Usted mantendrá la jaula en el área de la familia sólo hasta que su cachorro se sienta confortable en la jaula y no se queje más, probablemente un tiempo corto. Entonces usted puede mover la jaula a un espacio que sea más conveniente para usted, tal como el pasillo de atrás o la habitación de lavado (siempre y cuando estos lugares no sean oscuros).

Refriegue una frazada vieja, toalla, camisa de franela (mi artículo favorito), o camiseta – cualquier cosa suave – por toda su cara y brazos y de los otros miembros de la familia para impregnarlos de sus aromas. Entonces colóquela en la jaula para que su nuevo perro se acurruque en ella. (Si utiliza un artículo con botones, asegúrese de sacarle los mismos para prevenir que su perro los muerda y posiblemente coma algo que podría ser dañino). Este artículo llegará a ser una fuente de seguridad para su nuevo perro a medida que se lo relacione con sus aromas. La mayoría de los perros pueden recordar hasta cincuenta olores diferentes. Aquellos suyos y los de su familia deben ser, por supuesto, los aromas más preciados de su perro, y lo más pronto que se acostumbre a ellos, lo mejor. Si el perro moja sobre la tela (o cualquier otra prenda que coloque en su jaula), retire el artículo, lávelo, póngale los aromas de la familia y córtela en tiras, después ate las tiras adentro de la jaula. Si continua mojando su cama, retírela hasta que no moje más su jaula.

Hay una "regla de oro" sobre la jaula que debo enfatizar: Nunca le hable a su perro cuando esté en la jaula – ¡nunca! aún cuando sea cachorro. El hablar con él sólo aumenta su ansiedad y aumentará el riesgo de que su perro desarrolle la ansiedad de la separación (recuerde los períodos de temor). La ansiedad por la separación se manifiesta por el perro constantemente babea, ladra, o se muerde, o de otra manera gratificandose con otros hábitos malos. Muchos perros con ansiedad por la separación tienen que tomar medicación y tienen que pasar por modificaciones en su conducta con un veterinario y un amaestrador de perros. Por lo tanto evite esto y sólo déjelo simplemente y nunca le hable mientras que esté en su jaula.

Diga, por ejemplo, que su perro está en su jaula, constantemente ladrando, y usted sabe que sólo es para llamar la atención. Así que usted va a la jaula y le dice, "No ladres, quédate callado," y el perro continúa ladrando. El perro está consiguiendo lo que quiere – su atención. A él no le importa si es positiva o negativa, mientras que consiga atención. Por otro lado, si usted lo ignora, él pronto aprenderá que el tiempo en su jaula es tiempo de silencio y el ladrido se detendrá.

Las primeras noches de su cachorro en casa de ocho a catorce semanas de vida deben ser las noches para conocerse, con mucho amor y caricias y sin amaestramiento excepto el de enseñarle a dormir y quedarse en su jaula. Sin embargo, si usted adquiere un perro mayor (de cinco meses para arriba) usted puede saltar directamente al amaestramiento después de sólo un par de noches.

Domesticar usando la jaula, la correa de interior y juguetes de goma dura

Es mi creencia que cada perro puede fácilmente ser domesticado ¡y la jaula es una de las llaves al éxito! El otro truco para domesticarlo exitosamente es con la correa de uso interior (hablaremos sobre esto más adelante). La jaula y la correa de uso interior se deben usar combinadas. Cada vez que su perro o cachorro esté fuera de la jaula, él debe estar con su correa de interior y debe estar con un miembro responsable de la familia. Él no está a salvo en ningún lugar de su casa hasta que él tenga algo de amaestramiento y sus días de masticar se hayan acabado.

Los perros tienen un instinto natural para vivir en guaridas. Desde el principio de los tiempos, los perros salvajes y sus ancestros vivieron en cuevas, suficientemente sólo para levantarse y darse una vuelta. Su perro doméstico de hoy en día todavía tiene ese instinto de crear un pequeño espacio seguro para si mismo, y su jaula será ese lugar si está adecuadamente amaestrado. Por lo tanto, en vez de pensar que la jaula es cruel, piense que le está proveyendo a su perro de su propio "espacio" – como usted con su sillón favorito.

También, para el momento en que los perros alcanzan los tres meses de edad, empiezan a controlar la vejiga y el movimiento del vientre y es probable que no hagan sus necesidades en su guarida. (A diferencia de los niños, este instinto es innato con los perros).

Ahora, vuelva y lea el párrafo anterior otra vez, después guarde este tema en su mente: Para las primeras dos o tres noches, usted debe colocar un doble o triple grosor de periódicos adelante de la jaula. Este será el lugar más probable para que haga sus necesidades hasta que tenga el control de la vejiga y el movimiento del vientre y el grosor extra del papel le permitirá a usted una limpieza fácil.

Una vez que su perro haya tenido dos noches corridas limpias, no coloque más el papel en la jaula. Usted habrá estado tomando a su perro frecuentemente para hacer sus "viajecitos de necesidades" de manera que el aprenderá que allí es donde se supone que debe ir.

Usted también debe alimentar a su perro en su jaula, esto le ayuda a él a gustarle la jaula y además lo impide para hacer lío allí. Sin embargo, nunca deje el agua en su jaula durante la noche. Lo único que hará es beber y orinar – especialmente al principio.

Si usted trabaja fuera de casa, su perro puede probablemente permanecer en su jaula por casi ocho horas, pero recuerde la edad del perro con respeto al control de la vejiga y el movimiento del vientre. Trate de volver a casa en su hora de almuerzo para llevar al perro afuera, especialmente al principio cuando él es muy joven. Si usted se va a ir por más de cuatro horas deje alrededor de un tercio de plato lleno de agua en su jaula (preferentemente un plato a prueba de vuelcos). ¿Le gustaría a usted quedarse solo sin un sorbo de agua durante todo el día?

Cada vez que ponga su perro en la jaula, use un comando, tal como "a la perrera" (usted puede usar cualquier orden pero que sea consistente). Él aprenderá por asociación y eventualmente irá a su jaula por su cuenta cuando escuche su orden. Este es el momento de darle un premio de juguete de goma dura relleno con una golosina. La única vez que su perro debe recibir uno de estos juguetes es cuando está en su jaula (no a la hora de dormir) o cuando usted se tenga que ir por un período de tiempo, o está con el tiempo ocupado y necesita un momento libre lejos del perro. A mi me gusta preparar en los domingos a la tarde los juguetes de goma dura rellenos con mantequilla de cacahuate para toda la semana; de esa manera tengo mantequilla de cacahuate en mis manos – y debajo de mis uñas – sólo una vez a la semana.

Yo relleno los juguetes de premio con tres cuartos de relleno de mantequilla de cacahuate, y después los pongo en una bolsa grande y los coloco en la congeladora. Cuando les doy estos premios helados a los perros, a ellos les toma el doble de tiempo poder sacar la mantequilla de cacahuate. Esto le provee de un gran entretenimiento para su perro mientras usted está por afuera, y para el momento en que el terminó con su juguete de premio de goma dura, necesitará una siesta para recuperarse de todo la energía que ha gastado. Entonces usted puede tomar el juguete vacío y simplemente colocarlo en el lavaplatos. Créame – el juguete de premio de goma dura es el mejor amigo de su perro cuando usted no está en casa y él está solo.

Cuando esté planeando salir, déle la orden "a la perrera" quince minutos antes de que usted se vaya, coloque el perro en su jaula, entréguele el juguete de goma, evite el contacto visual con él, y váyase. Y recuerde le usted la regla de oro de la jaula: No le hable. No le explique, "Tu familia se va y volveramos pronto." Y cuando vuelva, no diga nada como, "Tu familia está en casa, vamos a cogerte." No le hable para nada. Solamente camine por donde está el perro sin decir una palabra o haciendo contacto visual con él, deje sus cosas, cámbiese la ropa o zapatos, y prepárese para ir a caminar. El proceso de llegada a la casa no debería tomar más de diez minutos, y una vez que usted esté listo, vaya y déje a su perro salir de la jaula. *Entonces* dígale toda esa charla de "Te extrañé."

Para redondear, la jaula y el juguete de premio de goma dura son dos secretos claves para la domesticación exitosa, porque cuando el perro está en su jaula y contento con el juguete de goma, no se comportará mal en su propia guarida. Primero, su perro aprende a no hacer sus necesidades en su jaula; eventualmente él aprende que la casa completa es su guarida, y él no va a hacer sus necesidades en ningún lado de la casa. De la misma manera, él aprenderá rápidamente que cuando se lo saca de su jaula, se lo lleva inmediatamente donde puede hacer sus cosas. Este arreglo no debe dejar oportunidad para accidentes sobre su piso. (Sin embargo, si un accidente sucede, recuerde usar los productos desodorantes neutralizadores para evitar cualquier futuro accidente en ese mismo lugar.)

A todos los perros se los debe hacer caminar a diario, sin importar el tamaño de su patio. Hágalo un tiempo para pasar con la familia y trabaje en todos sus ordenes mientras estén afuera caminando. Recuerde llevar con usted su bolsa de premios con las recompensas de comida.

¿Cuándo tiene que hacer sus necesidades su perro ?

Los perros no son muy diferentes a los humanos. Y si usted utiliza las siguientes cinco "reglas de oro," usted debería tener un perro domesticado pronto.

Saque al perro para hacer sus necesidades:

- **Cada vez que lo saque de su jaula.**
- **Luego de que coma, dentro de un marco de veinte a treinta minutos.**
- **Después de que ha jugado con mucha energía. Si usted juega con él afuera, llévelo a su lugar para hacer sus necesidades antes de entrarlo a la casa. Si usted juega con él adentro, sáquelo rápidamente cuando hayan terminado. (Piense sobre cómo se siente usted y lo que _usted_ tiene que hacer después que ha tenido un buen ejercicio físico.)**
- **A cualquier hora que se despierte de su siesta. ¿Qué es lo primero que usted hace cuando se despierta de dormir?**
- **Justo antes de que lo guarde en su jaula a la noche.**

Algunos "debe y no debe" acerca de la jaula

Yo he enfatizado que cuando usted no está con su perro, él debe estar siempre en su jaula. Esta debe ser una regla absoluta hasta que su perro tenga dos años. También yo he puntualizado que usted nunca debe hablar con su perro mientras él está en su jaula.

Igualmante, su perro nunca debe ser dejado afuera durante el día entero, aún con un jardín cercado. Algunas personas piensan que no dejar el perro en al jardín es cruel. Sin embargo, aunque el perro probablemente no pueda salir del jardín, recuerde que hasta que no tenga los dos años – repito *dos años de edad* – él va a estar en la edad pesada de masticar y probablemente le masticará todo lo que tenga a la vista: los muebles de jardín, la mesa del picnic, los juguetes de sus niños, el costado de su casa, cualquier cosa donde él pueda hundir sus pequeños filosos dientes. Aún más, no hay nada que garantice que no saltará la cerca o cave su salida, lo cual lo pone en riesgo de tener un montón de otros problemas, tal como que lo derribe un auto.

Por si no estoy siendo perfectamente clara, el plan es que usted tendrá a su perro hasta que la muerte les separe, y esperemos que esa muerte no sea prematura.

Existen, sin embargo, unas pocas excepciones a las reglas de la jaula. Por ejemplo, si su perro gimotea durante las primeras pocas noches en su jaula (y créamelo, lo hará), vaya a él, déle algo de cariño, y llévelo afuera – él podría tener que salir y hacer sus necesidades. Después póngalo de vuelta en su jaula y déjelo. Si es un cachorro jóven, usted puede necesitar tener la jaula al lado de su cama las primeras noches (todo el mundo necesita dormir) hasta que esté confortable con sus nuevos alrededores. Durante el día mueva su jaula hacia la ubicación que usted haya elegido para cuando el cachorro sea mayor.

Usted nunca debe sentirse culpable sobre el uso de la jaula, porque como lo dije antes, por sus instintivas necesidades de guarida, los perros tienden a gustarle las jaulas. Pero si usted maltrata a su perro o usa la jaula para castigarlo, el efecto puede ser el opuesto. Usado adecuadamente, su perro irá probablemente contento a la misma y por su cuenta.

Domesticando con campanas

Lo primero que debe hacer usted en la mañana – sí, ¡antes de ducharse o tomar la primera taza de café o hacer cualquier otra cosa! – acérquese a su perro, colóquele la correa de exterior (antes de sacarlo de la jaula), y rápidamente hágalo salir. Mientras usted esté caminando hacia la puerta agarre un premio de comida, llámelo por su nombre, y diga, "Afuera." Toca las campanas de domesticar (las cuales deben estar colgando de la puerta como se describió antes en el libro), pero no hable o diga nada de las campanas – sólo tóquelas y lleve el perro afuera. Haciendo esto, la mayoría de los perros – el 99.9% de ellos – aprende dentro de las dos semanas el hacerlas sonar cada vez que deseen salir. Es una de esas respuestas condicionadas clásicas: El perro sabe que cada vez que esas campanas suenan, la puerta se abre.

Las campanas para domesticar son unos instrumentos maravillosos que puede llevarse usted cuando viaja. Recuerde, un perro que está domesticado en su casa no siempre lo está en la casa de otra persona. Lleve estas campanas con usted cuando viaje y deje que el perro vea como las cuelga sobre la puerta. El perro entonces pensará, "alli son mis campanas y esa debe ser la puerta por donde yo voy afuera a hacer mis necesidades."

Cuando usted saque a su perro afuera, siempre llévelo a donde usted quiere que haga sus necesidades –

siempre al mismo lugar. Con el tiempo, todo lo que usted necesitará hacer es pararse en la puerta y él automáticamente irá a donde tiene que hacer sus necesidades.

Después de que él haya hecho sus cosas, dígale "que buen perro es" y déle un premio (recuerde – usted tiene sólo dos segundos para recompensarlo). Llévelo adentro de la casa, póngalo en su jaula, y aliméntelo. Ahora usted puede ocuparse de sus propios asuntos – hacer gimnasia, llevar a los niños a la escuela, o arreglarse para el trabajo. Sin embargo, ya que el comer le estimula la vejiga de los perros, llévelo afuera a hacer sus necesidades una vez más antes de irse de casa. Esto debe ser dentro de un período de veinte a treinta minutos después que lo haya alimentado. Esto también le da tiempo a usted para interactuar con su perro.

Si usted está alerta y conciente de las necesidades naturales de su perro – recuerde las cinco reglas que hay que saber cuando su perro tiene que hacer sus necesidades – y usar la jaula, las correas para adentro y afuera, las campanas de domesticar, usted no tendrá ningún problema para domesticarlo.

Sin embargo, utilizando los métodos efectivas de la domesticación y los instrumentos correctos, no significa que no habrá accidentes en absoluto. Si un accidente sucede, diga el nombre del perro y llévelo afuera a su lugar de hacer sus necesidades. (Su reacción inicial puede ser el decir "No, no!" a su perro. Sin embargo, eso le hará sentir bien sólo a usted, pero no significará nada para su perro.) Aún si no hace sus cosas en ese momento, dígale que es un buen perro, déle una recompensa de comida, y tráigalo de vuelta adentro. Recuerde que esto tiene que suceder inmediatamente después del accidente para que su perro haga la correcta asociación. También recuerde que se necesitan de tres a cuatro meses para establecer un comportamiento habitual, de manera que sea consistente.

Nunca – repito, ¡nunca! – le pegue o golpee a su perro. Eso no lo domesticará, pero el uso consistente de la jaula y dandole un amaestramiento responsable le enseñará a tener un comportamiento deseable.

La mayoría de mis perros han tenido uno o dos accidentes en la casa, casi siempre cuando ellos eran muy jóvenes. Usted también probablemente tendrá que aceptar un par de accidentes como parte del precio que se paga por el placer de tener un perro.

Algunos perros nunca "rompen el amaestramiento" – ¡Buena suerte en encontrar una de estas extrañas razas! Pero pronto su perro se comportará bien, y usted estará orgulloso de él y de usted mismo. Su perro debe estar bien encaminado para su domesticación dentro de las dos a cuatro semanas de su llegada al nuevo hogar, y posiblemente antes si tiene más de tres meses de edad.

Domesticarlo por toda la casa

El domesticar a su perro para los lugares en la casa donde él nunca ha estado, es una corta pero parte esencial de su amaestramiento. Tal vez usted ha descubierto a su perro en un lugar nuevo, digamos arriba de las escaleras, y usted se da cuenta por la mirada culpable en su cara que acaba de hacer algo malo – como hacer sus necesidades arriba. El probablemente pensó que lo podía esconder. Claro que no había ningún testigo, ¿correcto?

Nadie lo vio. Aún más, ya que no lo habían dejado ir arriba, él piensa que nadie vive allí.

La solución a este problema es simple. Cuando su perro tiene alrededor de diez y ocho meses de edad y está exitoso con su amaestramiento y está respondiendo a la orden "sobre la alfombra" (explicado más adelante en el libro), ponga su alfombra en su habitación a la hora de dormir. Cierre la puerta de la habitación, diga "Sobre la alfombra – quédate abajo." Y casi le puedo garantizar que en el 99.9 porciento de las veces él o ella todavía estará en esa alfombra cuando usted se despierte por la mañana.

Usted ya ha condicionado a su perro a que considere su jaula como su guarida, y recuerde, los perros no hacen sus necesidades en sus guardias. Después de varios días de dormir en su alfombra en el nuevo ambiente, se terminarán sus preocupaciones. Esa parte de la casa (y con el tiempo, el resto de la casa) habrán llegado a ser parte de su vida, y de su guarida, y no hará más sus necesidades allí.

Usted podría tener que pasar bastante tiempo en varias habitaciones antes de que él tenga la idea que no pueda hacer sus necesidades en esas habitaciones. Lleve una sábana o toalla o su alfombra a una habitación a la cual él no ha sido permitido entrar. Digale el comando "sobre la alfombra – quédate abajo," y simplemente quédese con él en esa habitación por un ratito, leyendo, trabajando en su computadora, y demás. El perro pensará, "O, yo vivo aquí dentro, también. Esta es una parte de mi guarida, y yo no hago mis necesidades en mi guarida." Ahí tiene – ahora está en camino a ser domesticado por toda la casa.

Si todavía tiene algún accidente occasional, es probablemente que era muy jóven y no estuviera listo para salir de su jaula sin la supervisación. Vuelva al amaestramiento del principio por un tiempo, y yo estoy convencida de que pronto usted tendrá éxito.

Capítulo 5

Haciendo comandos efectivos y amaestramiento con "susurros al perro"

La voz de "Dios a Moisés"

Si Dios le hablara a usted, ¿Lo escucharía, verdad? La mayoría de las personas lo escucharían, y eso es lo que usted quiere tener en mente cuando quiere darle una orden buena y firme a su perro. Manteniendo la voz baja y firme, diga el nombre del perro, entonces la orden. Cuando le obedece, use la voz amorosa y le ofrezca al perro un premio. Recuerde, su perro no sabe español, de manera que usted le está enseñando un nuevo idioma y usted quiere asegurarse de que lo escuche. La voz es un medio valioso de amaestramiento, y es gratis.

Usando la correa de interior y las ordenes de "Ven" y "Siéntate"

(1 EJERCICIO – 2 COMANDOS)

"Ven" es la orden *número uno* que un perro necesita aprender. Nada es más frustrante para el dueño de un perro que llamarlo y que no venga. Esto también puede ser peligroso si el perro se le suelta el collar y hay una calle con mucha gente y autos o algún peligro cercano. Uno de las ayudas más efectivas para enseñarle a un perro a venir es la correa de interior. De hecho, junto con la jaula, la correa de interior es una de los secretos claves para cualquier amaestramiento de perro exitoso, y uno de los secretos para susurrar al perro – usted tiene más control y así nunca enfrenta a su perro con el fracaso.

Comenzando con el segundo o tercer día después de traer su nuevo perro a casa, usted debería comenzar a tenerlo con una correa mientras que él está en la casa. Eso es correcto, en la casa – de ahí viene el término "correa de interior." Cuando su perro no está en su jaula, él debería usar una correa de interior durante los primeros cuatro a seis meses de su nueva vida con usted, sin importar su edad al momento de que lo consigó. Sin embargo, si el perro es mayor y ya sabe algunos comandos, usted podría acortar el tiempo de correa a cuatro meses.

El perro probablemente resistirá la correa al principio, pero siga con eso. Al principio déjelo arrastrar la correa por todos lados mientras usted esté ahí con él. Él podría asustarse de ella, pero se acostumbrará. Después de un rato, levante la correa, llámelo por su nombre y diga, "Ven," con voz de comando. Dé un tirón suave a la correa hacia usted. Siga diciendo "ven" hasta que él venga a usted, y cuando él llegue, dígale que se siente mientras que usted tira por arriba en su collar y empuje por abajo en las ancas. Cuando obedezca, déle mucho amor y un pequeño premio. (Recuerde – usted tiene sólo dos segundos para darle el premio de comida para que su perro haga la conexión.) Haga este proceso más o menos quince veces por día. Haga que toda la familia se junte en el amaestramiento. Cada uno debe por turno levantar la correa y llamarlo por el nombre del perro y entonces decir "Ven, siéntate," y dárle el premio verbalmente y con una golosina.

Cuando usted comienza a amaestrar a su perro, usted podría querer usar una orden alentadora y amorosa "ven" como así también el comando de "ven" de Dios a Moisés como señuelo hacia usted, entonces lo manda a sentarse y recompénselo inmediato con premios verbales y golosinas. Una ventaja de hacerlo sentarse cada vez que él viene a usted, es que evitará que salte en el futuro. Él pronto aprenderá que cuando viene debe sentarse antes de recibir el premio y su atención. En casi nada de tiempo, él aprenderá a venir y sentarse cuando usted lo llama, y entonces será premiado alegremente con grandes abrazos y mucho amor de parte suya. Eventualmente, usted necesitará darle sólo premios verbales y no golosinas de comida. (Nota: Recuerde que cuando comienza a enseñar a su perro una orden nueva, siempre use una golosina de comida hasta que el perro haya aprendido bien la orden, alrededor de los noventa días.)

Es posible que no logre grandes resultados la primera noche del amaestramiento con la correa de interior, pero para el tercer o cuarto día usted ya estará en camino al éxito.

La orden "ven" puede ser enseñada adentro y afuera. Recoja la correa (de interior o exterior) y dígale al perro "ven" y siéntate." Después debe darle un premio y una recompensa verbal. Repita este proceso entre quince y veinte veces por día hasta que el perro haya aprendido el comando.

Esta técnica es también muy efectiva para enseñarle a su perro como caminar con correa, ya sea de interior o exterior. Cuando usted esté afuera para caminar, y el perro comience a tirar o golpear la correa, deténgase, llame al perro, diga, "Ven, siéntate," y prémielo. Repita esto tantas veces como sea necesario hasta que pare de tirar y golpear. Este amaestramiento le asegurará que su perro caminará confortablemente con usted en el futuro. Esta es también la razón porqué yo nunca uso correas replegables hasta que el perro esté amaestrado. Usted tendrá que reafirmarle de tanto en tanto que ésta gran y desconocida correa no es un monstruo, pero valdrá la pena.

Una palabra de aviso: Nunca deje la correa puesta en el perro cuando está en su jaula – podría llegar a enredarse y ahorcarlo, o el podría morderla, y entonces usted tendría que comprarle otra.

Usar la correa de interior le permite a su perro pasar más tiempo con usted y su familia fuera de su jaula. Mantenga la correa puesta en su perro cuando él está acostado en su alfombra al lado de su sillón mientras usted lee o mira TV. Mientras cocina la cena, abróchese la correa a su cinturón así que él puede estar en la cocina con usted. Usando la correa para interior de esta manera, usted sabrá dónde está su perro todo el tiempo, y no estará masticando sus "juguetes," como las sillas antiguas o sus nuevos zapatos de marca.

Si los niños quieren tener al perro cerca mientras miran TV o sólo quieren jugar con él, asegúrese que también ellos mantengan puesta la correa.

Recuerde también que cuando sus hijos han estado jugando con el perro por un tiempo – y con niños, el juego probablemente ha sido bastante vigoroso – él probablemente tendrá que hacer sus necesidades, de

El pasar tanto tiempo como sea posible con humanos ayuda al perro a que aprenda a socializarse mucho mejor que cuando se lo deja solo. Mantenga la correa de interior puesta en su perro mientras lee o mira TV así que él puede disfrutar de su compañía afuera de su jaula.

Y mientras usted cocina o lava los platos de la cena, abróchese la correa a su cinturón de manera que su perro pueda estar en la cocina con usted.

manera que sáquelo inmediatamente. Usted estará realmente contento con la correa para interior, porque su perro estará literalmente bajo su control y usted puede evitar accidentes potenciales. (Cuando usted lleva afuera a su perro, siempre debe estar con su correa, a menos que esté en un jardín con cerca o hasta que usted confíe verdaderamente que él volverá a usted siempre que lo llame).

Cuando el período de amaestramiento de cuatro a seis meses se acaba y usted ha removido su correa, si su perro comienza a olvidarse sus comandos, coloque su correa de interior de vuelta por dos o tres días como curso recordatorio – es tan fácil. La correa para interior es un instrumento valioso cuando se introduce cualquier perro a un nuevo hogar, y usted querrá usar recordatorios cortos si usted se muda o se lleva a su perro cuando viaja. Si lleva a su perro de visita, manténgalo con la correa de interior mientras está en la casa de sus amigos; no se podrá meter en problemas y estoy segura de que usted tendrá una invitación nuevamente. Usted pronto descubrirá que la correa para interior, junto con la jaula, llegará a ser uno de ¡sus mejores instrumentos de amaestramiento! Usted nunca tendrá nada mordido, y siempre sabrá donde está su perro.

"Déjalo" y "Toma"

(1 EJERCICIO – 2 COMANDOS)

"Déjalo" es una orden que usted usará cada vez que usted no quiera que su perro tenga algo o se esté comportando de una forma que usted no aprueba, como el masticar algo que no le pertenece, alcanzar comida, cordones de los zapatos, cavando hoyos en su jardín, y demás. Use el comando "déjalo" en vez de la palabra "no," lo que no significa nada para el perro a menos que usted lo aplique exclusivamente a un comportamiento específico.

Este es una orden muy simple y se enseña simplemente dándole a su perro un premio. Con la correa en la mano, pregúntele al perro si quiere un premio. (Lo que lo llame, ya sea un "dulce" o "caramelito," sólo sea consistente.) Sostenga el premio cerca de su boca y diga, "Déjalo," mientras le va dando un ligero tironcito al collar y retirándolo del premio. Repita este proceso varias veces hasta que no vaya más tras el premio. Entonces ofrézcale el premio mientras le dice "Toma," y le de el premio junto con una recompensa verbal. Repita este ejercicio de cuatro a cinco veces por día.

Este comando resultará cómodo no sólo adentro sino también afuera de la casa. Por ejemplo, si usted salió a caminar por el parque cuando el perro y está sin la correa y se mete entre los yuyos o se va persiguiendo a una ardilla, todo lo que usted tiene que decir es "Déjalo" y "Ven." El perro dejará lo que está haciendo y vendrá. Usted le encantará este comando porque previene o detiene los comportamientos negativos. También le enseña al perro que no tome ninguna cosa de los manos sino que él oye el comando "Toma," y él pronto aprenderá que puede tener la comida en los manos sólo con el comando "Tomar."

"Sobre tu alfombra – bájate, quédate"

(1 EJERCICIO – 3 ORDENES)

La alfombra o la cama del perro es una de las primeras piezas que se deben tener del equipo mencionado en el primer capítulo, e idealmente usted lo estaría usando desde el mismo momento que trajo a su cachorro a la casa (pero nunca en la jaula). Y otros de los grandes secretos del amaestramiento es la orden "sobre tu alfombra – bájate, quédate" – uno de las pocas ordenes en forma de frase que usted le enseñará a su perro.

Usted le puede enseñar este comando mientras usted está leyendo, trabajando en la computadora, haciendo una tarea, o en cualquier momento que no haga nada. Pero uno de los mejores momentos es cuando usted está mirando la tele.

Hay apróximadamente veinte minutos de tiempo de comerciales por hora en la programación de la televisión, durante los cuales usted puede amaestrar a su cachorro o perro o puede ir al refrigerador por un bocado. Si usted utiliza ese tiempo para amaestrar a su perro, usted podría aún perder algunas commerciales – ¡una sumada bonificación! (Pero mantenga a mano su bebida favorita para cuando mira la TV, de manera que no se sienta tan necesitado).

Coloque la alfombra alrededor de dos a tres pies lejos de usted. Durante un comercial, guíe a su perro (atado a su correa para interior, por supuesto) hacia la alfombra y dígale, "Sobre la alfombra – bájate, quédate." Desde la posición sentada del perro, suavemente empújelo a la posición de abajo mientras le da un tironcito suave al collar y le repita el comando de "bájate." Después, póngale su mano adelante de la nariz y dígale, "Quédate." Déle un hueso para masticar para mantenerlo ocupado, después vuelva y siéntese en su sillón. Él probablemente se levantará y vendrá hacia usted, pero sólo levante su correa, llévelo de vuelta a la alfombra y repita las ordenes. En algún momento entre las diez y quince veces él empezará a quedarse quieto.

Cada vez que usted haga esto, le tomará menos y menos tiempo para que él se quede en la alfombra. Después de que el perro haya captado el concepto, comience a dejarlo sobre la alfombra por períodos más largos, digamos por diez minutos. Después dígale, "Ven, siéntate," y alábelo y déle un premio de comida. Entonces repita el amaestramiento de "sobre tu alfombra." Su meta es que el animal se queda sobre su alfombra desde un corte comercial al próximo, y con el tiempo por una hora completa de programa.

Es possible que el perro no va a aprender el comando "bájate, quédate" inmediatamente, pero pronto lo hará. Aún más, no se confundirá si usted le enseña más de un comando a la vez. Pues llámelo por el nombre y entonces en su voz firme de "Dios a Moisés" diga, "Sobre tu alfombra – bájate, quédate."

También será de ayuda ponerle sus juguetes favoritos sobre la alfombra. Aquí es donde su perro se quedará mientras usted está leyendo o mirando la tele o haciendo otras cosas.

Su perro llegará a encantar su alfombra; usted podrá mover la alfombra alrededor de la casa de acuerdo con que las circunstancias requieren, y él también siempre sabrá qué hacer cuando usted da el comando.

La alfombra llegará a ser el espacio propio del perro muy pronto después de que comienza el amaestramiento, y después que usted no use más la jaula y la retire (cuando él tenga alrededor de dos años y medio), su alfombra reemplazará su jaula, ofreciéndole seguridad y su lugar especial de guarida. Usted podría también considerar comprar más de una alfombra. Yo tengo cuatro alfombras en mi casa: una en la habitación de la familia, una en mi oficina, una en mi dormitorio, y una en el pasillo de atrás donde estaba la jaula.

Recuerde, su perro estará aprendiendo sus comandos verbales durante los cuatro a seis meses del período del amaestramiento. Por lo tanto, la correa para interior es un "debe tener" durante ese período. Siempre sea firme y consistente con el comando, como la habilidad de quedarse quieto es vital para el buen comportamiento de su perro en los interiores. Usted usará este ejercicio cuando su perro haga sonar las campanas para domesticar y usted sabrá que su perro no tendrá que ir afuera, cuando usted esté cenando, o en la habitación familiar mirando una película. Sólo imagínese que tenga invitados y su perro está muy contento haciendo todas las bienvenidas de perro: oliendo, lamiendo, tal vez saltando. Ahora imagínese que todo lo que usted tenga que hacer es llamarlo por el nombre y decirle, "Sobre la alfombra – bájate, quédate." Confíe en mi, sus invitados estarán muy complacidos (¡e impresionados!) de no tener a su perro saltando de pies a cabeza sobre sus trajes y vestidos.

Mis propios perros siempre están sobre la alfombra en cualquier momento que tenemos invitados, y no se les permite salir a menos que sean llamados. Todos mis invitados están asombrados – ¡y agradecidos! – de lo bien educados que son mis perros en la casa. Aunque yo soy una fanática amante de los perros, cuando voy a visitar a alguien, la última cosa que yo deseo es que el perro de la familia me salte, babeé, se revuelque, o me tire al piso – sin mencionar ser olfateada en los lugares más íntimos del ser humano.

Unas pocas formas más de trabajar con los comandos de "quédate," "bájate," y "siéntate"

"QUÉDATE"

La orden "quédate" puede ser enseñada en cualquier momento: cuando usted está mirando la televisión (bebida en su lugar – no queremos interrumpir nuestras sesiones de amaestramiento), o cuando usted está afuera paseando. Dígale a su perro que se siente. Manteniendo la correa, póngase frente al perro y camine hacia atrás mientras sostiene la mano sin la correa en frente de su nariz, simultáneamente llamándolo por su nombre y diciendo, "Siéntate – bájate, quédate." Si él se levanta, repita los pasos hasta que usted pueda caminar dos o tres pasos para atrás y él se quede. Repita este ejercicio a menudo sin importarle donde esté.

Cada vez que usted le diga a su perro que se siente o se quede y él de veras se quede en el lugar, prémielo con una golosina, grandes abrazos y amor. Antes de que pase mucho tiempo, usted podrá entrar a otra habitación y él se quedará donde usted lo puso. Y, como con todos los comandos, cuando le enseñe éste, recuerde usar siempre su firme (pero amorosa) voz de "Dios a Moisés."

Enséñele a su perro a "quedarse" por sostener su correa en frente de él. Aléjese del perro mientras llamándolo por su nombre y diciendo "Siéntate, quédate." Después que él se quede por un período corto, dígale "ven" y "siéntate," entonces déle una golosina y un premio verbal. Repita estos pasos tan a menudo como sea necesario. La orden de "quédate" es también usada con la orden "sobre la alfombra – bájate, quédate."

"BÁJATE"

Usted también puede trabajar en la orden "bájate" en cualquier momento. Cuando le enseñe esta orden, siempre debe tener primero a su perro en la posición sentada. Con una mano, agarre su correa donde se abrocha al collar de ajuste, y coloque la otra mano en los hombros del perro. Déle un tirón suave para abajo a la correa y suavemente pero firmemente empuje para abajo los hombros del perro mientras llamandole por su nombre y diciendo, "Bájate, bájate." Si su perro se queda sentado, o levanta las ancas, comience de vuelta desde el principio, con el perro en la posición sentada. Una vez que usted lo tiene abajo déle el comando, "bájate, quédate." Repita la orden varias veces. Usted también puede tratar de tentarlo con una golosina (desde una posición sentada). Con el perro en esa posición, dígale "Bájate" mientras sostiene el premio de comida abajo y lo vaya retirando lentamente del perro. Siga repitiendo el comando "Bájate" y cuando esté abajo dígale "Quédate."

Si él se gira sobre su espalda, ignórelo; él podría querer que le rasque la pancita, pero esa no es una parte de la lección. Con él tiempo el se bajará a una posición normal de perro.

Recuerde darle un montón de amor después de cada sesión corta. Su perro debería dominar la orden "bájate" en dos o tres días. Recuerde lo que le dije antes: Una vez que su perro domine el proceso de amaestramiento, y cuando él ha dominado un par de comandos, los nuevos serán más fáciles de aprender.

"SIÉNTATE"

Nosotros cubrimos este comando junto con el de "ven." Sin embargo, este es otro comando con el que se puede

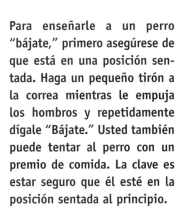

Para enseñarle a un perro "bájate," primero asegúrese de que está en una posición sentada. Haga un pequeño tirón a la correa mientras le empuja los hombros y repetidamente dígale "Bájate." Usted también puede tentar al perro con un premio de comida. La clave es estar seguro que él esté en la posición sentada al principio.

trabajar en otros momentos, tales como mientras que usted sale a dar un paseo por la noche, o en cualquier momento en que su perro esté con usted y con su correa. Tenga a su cachorro o perro cerca suyo, usando su collar para detenerse con la correa para interior abrochada. Parése cerca de él y suavemente tire para arriba la correa mientras simultáneamente empuja para abajo sobre las ancas, y con una voz firme diga su nombre y dígale, "Siéntate." Cuando él se sienta, prémielo con una golosina y palabras amorosas. Repita el proceso tantas veces como usted pueda. Yo le garantizo que después de un par de noches de esto, él se sentará con el comando. Usted puede también usar esto cuando esté enseñandole los comandos "déjalo" o "toma." Sólo hágalo sentarse antes de darle su premio.

"BUSCA" Y "SUÉLTALO"

Este es un ejercicio divertido. Tenga al perro con su correa de interior – recuerde, nosotros somos susurradores de perros, y no preparamos al perro para el fracaso – y tome una pelota de tenis y tírela, pero no más lejos de lo que él pueda ir con la correa. Dígale al perro que "Busque" o "Atrápala." (Niños: si ustedes hacen esto adentro de la casa, asegúrense que tienen permiso de sus padres primero.)

Su perro muy probablemente correrá y atrapará la pelota. Si no lo hace, vaya con él para coger la pelota y hacerlo de vuelta – todo el tiempo diciéndole lo maravilloso que es. Aplauda con las manos – ¡hágalo divertido! Cuando su perro atrape la pelota, dígale "Ven." Después dígale, "Suéltala, suéltala," mientras le abre la boca y permite que la pelota se cae. Cuando la pelota esté en el piso, cójala y comience de nuevo. Para la

Para enseñarle el comando "siéntate," suavemente levante la correa de su perro mientras que simultáneamente le empuja para abajo las ancas, y en su voz de "Dios a Moisés" digale, "Siéntate." ¡Y no se olvide de las golosinas y los premios verbales!

El tiempo de amaestramiento "siéntate" es también un buen momento para enseñarle a su perro a "dar la mano."

cuarta o quinta vez, le apuesto que su perro estará soltando la pelota a los pies. Este es uno de los ejercicios que no requiere premio de golosina – el juego en sí es el premio.

La orden "suéltalo" previene el juego "tira y afloje" con el humano. (Los problemas concernientes al comportamiento con el "tira y afloje" están explicados con más detalles en el capítulo siguiente.) La orden "suéltalo" puede ser también usada en otros momentos, tales como si el perro está llevando algo que no debería – cuando se está alejando con uno de sus zapatos favoritos, por ejemplo. La orden "suéltalo" es también intercambiable con el comando "déjalo."

Podría parecer que hay un montón de reglas para el programa de "Just House Manners" (Sólo Buenas Costumbres), pero a la larga, es tan beneficioso para el perro como lo es para usted. Su perro estará mucho más feliz y más seguro cuando sepa exactamente lo que se espera de él, y no hay mensajes mezclados cruzándose. Como dije anteriormente, el español no es el idioma del perro, pero el aprender comandos simples y claros le permitirán a su perro aprender el idioma de usted, y esto es muy agradable para ambos, usted y su perro. Olvídese de la palabra "no" a menos que lo asocie con un comportamiento específico.

Jugando con atraparla es un buen momento para enseñarle a su perro el dejar o soltar un objeto. Este ejercicio no requiere una golosina como premio – el juego en sí mismo es premio suficiente.

Capítulo 6

Problemas comunes con el comportamiento del perro

Su cachorro o perro se está haciendo posesivo con sus juguetes o muerde

Yo frecuentemente recibo llamadas de dueños de perros que se quejan que su cachorro o perro se está haciendo posesivo con sus juguetes o está mordiendo a su familia. El noventa porciento del tiempo estos comportamientos son el resultado directo de jugar al "tira y afloje," el cual es un error común pero enorme que cometen los dueños de los perros.

El "tira y afloje" es sólo un juego para los humanos, pero para los perros, es un juego de poder. El "tira y afloje" es usado para enseñarles a los perros de la policía y militares a morder. Hay reglas específicas para incorporar cuando los perros estén jugando al "tira y afloje," pero la mayoría de las familias no las recuerdan o las descartan. Por lo tanto, yo recomiendo que usted nunca juegue al "tira y afloje" con su perro.

Su cachorro se retuerce demasiado

Muchos cachorros se retuercen mucho, hasta el punto donde usted no lo puede sostenerlos. La forma de hacer que su cachorro se calme es sostenerlo cerca suyo, fuertemente, firmemente, amorosamente, mientras que todo el tiempo le hable muy calmadamente, diciendo, "Calma, calma, calma – buen chico – calma, calma." El cachorro pronto empezará a calmarse, y mientras esto sucede, usted debe entonces comenzar despacio a dejar de presionarlo contra su cuerpo. A medida que usted lo suelta, siga dándole la orden de "calma," usando una voz suave. Si su cachorro comienza a retorcerse de vuelta, entonces sólo ajuste más su agarre y repita el ejercicio. Si usted tiene un cachorro grande o un perro jóven adulto usted se puede sentarse sobre el piso para el ejercicio.

Usted puede usar el comando "calma" cada vez que quiera sostener al cachorro y él esté retorciéndose, o cuando usted sabe que el cachorro está ansioso. Este ejercicio debería ser hecho por adultos solamente, no niños.

Su cachorro muerde mientras jugando

La mayoría de los cachorros no tienen inhibición para

morder porque nosotros se lo sacamos a sus madres y hermanos a tan temprana edad. Si ustedes alguna vez han visto una jaula llena de cachorros jugando y uno muerde al otro, el cachorro mordido grita y se escapa – el juego terminó. El enseñarle a su cachorro tener inhibición para morder se hace más o menos de la misma manera. Cuando el cachorro le muerda, en voz fuerte grite, "¡Ay!" Entonces coloque al cachorro en su jaula por diez minutos – el juego se terminó, y el pierde la compañía de su humano. Después de los diez minutos, deje salir al cachorro de su jaula y retome el juego. Si él muerde de nuevo repita el fuerte "¡Ay!" y póngalo de vuelta en su jaula por diez minutos – el juego se terminó. Este método usualmente funciona después de tres o cuatro veces; después de todo, lo último que su cachorro quiere es perder su tiempo con el humano. Recuerde que la jaula en si misma no es el castigo – el perder la compañía del humano lo es.

Su perro lo arrastra durante sus caminatas

Si su perro lo arrastra a lo largo de la calle cuando usted lo saca por un paseo, y todos los métodos convencionales han sido agotados – y quiero decir absolutamente agotados, incluyendo el uso de un bozal – entonces esta es una de esas raras veces que yo recomiendo el collar de pinches (también conocido por collar de puntas).

Mucha gente se deshace de un perro que lo tironea a lo largo de la calle. Los chicos no pueden sacar a pasearlo debido al tironeo, o cuando ve a otro perro, el prácticamente le arranca el brazo de su cuerpo. Si usted está experimentando este problema, verífiquelo con un amaestrador/a calificado/a antes de comprar el collar de púas. Este collar de amaestramiento le da un pinchazo en vez del ahorque y es muy efectivo con sólo un movimiento de la muñeca. Usted se quedará maravillado de cómo responde su perro a sus comandos ya aprendidos. Por favor, consulte con un amaestrador/a personal y no se deshaga de su perro que tironea, hasta que haya probado este collar de amaestramiento.

Su perro salta encima de u olfatea a los invitados

La correa para interior y el amaestramiento con la alfombra les ayudarán mucho en cuidarles de usted y a sus invitados de las bienvenidas entusiastas de su perro.

Como lo mencioné anteriormente, el ser tocado con las patas, olfateado, y saltado encima no es bienvenido por otras personas y yo encuentro este comportamiento realmente grosero también en los perros. Y aún cuando un invitado podría reírse (aunque nerviosamente) y le diga que está bien, créame ¡no está bien!

Recuerde que para el perro el olfateo y el hacer lío en la casa no sólo es una bienvenida aceptable sino también deseable. Una forma de acabar con este comportamiento del perro es simplemente ponerle la correa de interior a su perro y llévelo con usted hasta la puerta cuando llegue su invitado. Dígale a su perro que se siente y se quede, después déle la bienvenida a su invitado.

Si el perro comienza a saltar u olfatear, sin embargo, déle un tironcito y otra vez dígale que se siente y se quede. Explíquele a su invitado que su perro se está amaestrando y después lleve su perro hasta su alfombra y dígale, "Sobre tu alfombra – bájate, quédate."

La orden que usted use, por supuesto, dependerá de cuán adelantado usted esté con el amaestramiento de su perro. Si usted le tiene que corregir al perro varias veces porque se levanta de su alfombra y se está convirtiendo en una molestia, entonces simplemente colóquelo en su jaula y déle un juguete de premio de goma dura con una golosina en el interior.

Mientras dura la visita de su invitado, usted podría querer traer a su perro y tratar nuevamente. Usted podrá eventualmente sólo decir, "Sobre tu alfombra – bájate, quédate" cuando llegue un invitado y el perro no se moverá a menos que usted lo invite a hacerlo.

Cuando llegan los invitados, lleve su perro con usted (con su correa de interior) a la puerta cuando los reciba. Explíqueles que su perro está bajo del amaestramiento. Después de la bienvenida entonces puede mandarlo a la alfombra, o ponerlo en su jaula si está bastante ocupado para estar con él.

Más a menudo, mientras que mi perro está acostado sobre su alfombra durante una visita – contento, calmado y contenido – ¡mis amigos invitados no aguantan más y demandan saber mi secreto!

Otra manera de parar a su perro cuando le salta encima es doblar las manos sobre el pecho – no haga contacto visual con él – y déle la espalda. Todo lo que quiere es su atención. Él dará la vuelta hacia su frente y probablemente trate de saltar de nuevo. No lo mire y siga alejándose de él. Después de alrededor de quince a treinta segundos de darle la espalda, mire por sobre el hombro y dígale que se siente. Cuando le obedece, dése vuelta, enfréntelo y déle un premio verbal. Este método es increíble para controlar el salto de su perro cuando lo saca de su jaula y está emocionante por verle a usted.

Fíjese, si su perro le salta encima y usted le dice "Bájate" o "No," usted le está prestando atención. Recuerde, a él no le importa si la atención es positiva o negativa – todo lo que el quiere es su atención.

De manera que, llévese su atención a otro lado, dígale la orden de "siéntate," y después déle su atención. ¡Sí funciona!

Su perro ladra y va corriendo trás los autos o el ganado

El ladrido constante, sin necesidad, es molesto, y va corriendo trás los autos es peligroso para su perro. Va corriendo trás el ganado (vacas, ovejas, caballos, y demás) pueden ocasionar consecuencias aún más serias, especialmente si involucra el ganado de otras personas, tal vez creando severas responsabilidades legales para el dueño del perro. Los dueños de tales perros a menudo se encuentran enfrentando la elección de tomar medidas fuertes o deshacerse del perros.

Como dije al principio del libro, si usted hace su tarea e investigación antes de decidir qué raza o perro conseguir, usted se evitará muchas sorpresas. Muchos dueños de los perros se deshicieron de ellos por su comportamiento molesto cuando realmente no necesitaban hacerlo.

Aunque es algo muy controvertido con los activistas para los derechos de los animales, a veces hay una necesidad para tomar medidas drásticas en el amaestramiento. Yo raramente recomiendo un collar con descargas eléctricas, pero puede ser usado para cortar con algún comportamiento indeseable del perro. Es importante, sin embargo, que usted consulte con un muy buen amaestrador de conductas de animales antes de intentar usar este tipo de collar. Los collares con descargas eléctricas pueden ser comprados en la mayoría de las tiendas de elementos para los animales y a menudo son muy efectivos. Ellos emiten impulsos eléctricos suficientemente suaves que no causan ni riesgo ni daño para su perro, pero son suficiente fuertes para definitivamente conseguir la atención de su perro y lo impide de ir corriendo trás cualquier cosa que usted no quiera que persiga. (Usted podría usar unos pocos tiros de una pistola de agua, pero es menos efectivo.) Los collares con descargas eléctricas realmente funcionan para eliminar el comportamiento indeseable del perro, y seguro que evitará que lastime a su perro o que lo tenga que entregar a un refugio.

Siga cuidadosamente las instrucciones en la embalaje del collar. Sin embargo, si su perro es de raza ovejera o de manada y usted vive en una granja con ganado o caballos, esté preparado para manejar lo que es instintivo en el perro. Otra vez, consulte a un amaestrador de perros profesional cuando considere este método.

Hay métodos alternativos para impedir que el perro vaya corriendo trás los autos si usted se opone verdaderamente a usar un collar con descargas eléctricas. Por ejemplo, si usted tiene una gran cochera o vive en una calle tranquila, haga que un amigo se aleje manejando despacio. Cuando el perro comienza a ir corriendo trás el auto, llámelo por su nombre y haja una de las ordenes, tales como "Ven" o "Quédate."

Repita el proceso tantas veces como sea necesario, hasta que el perro no va corriendo trás el auto. Otra vez, este método tiende a ser bastante inefectivo, y además requiere más de una persona, y consume mucho tiempo. En este caso, sería sabio invertir en una cerca.

Su perro podría necesitar modificación del comportamiento

La modificación del comportamiento suele hacerse para los perros que tienen de doce meses de edad o mayores. ¿Recuerda cuando le hablé sobre los períodos de temor? La modificación en el comportamiento suele requiere cuando algo le sucedió al cachorro en su primer año de vida y durante un período de temor.

Muchos amaestradores de perros y veterinarios están sacando certificados para utilizar técnicas para modificar el comportamiento. Los amaestradores tienen que trabajar junto al veterinario de la familia cuando se requiera este tipo de servicio, y yo tendría cuidado de un amaestrador que no lo hiciera de esa manera. Muchas técnicas para modificar el comportamiento se practican en combinación con una terapia de drogas. Las drogas se las conoce en general como "Prozac para perros." Sin embargo, no todas las técnicas requieren una terapia con drogas. Los perros que requieren técnicas para modificar su conducta son perros que han mostrado síntomas tales como ansiedad ante la separación, miedo a las tormentas, agresión a un miembro de la familia, o agresión con cualquier humano o hacia otros perros. Muchos de estos perros pueden ser ayudados a sobreponerse a sus miedos o por lo menos a que se hagan más manejables.

La mayoría de las modificaciones del comportamiento (con o sin drogas) requiere apróximadamente noventa días de terapia. ¿Por qué? Porque los perros son animales de costumbre, y se requieren de tres a cuatro meses para que un comportamiento se haga habitual. Si se requiere terapia con drogas, el proceso de modificación del comportamiento podría llevar unos treinta días adicionales. Un perro que es ansioso es un perro que no puede aprender, y las drogas calman a su perro de manera que las técnicas de modificación del comportamiento puedan ser aprendidas por él. Varias drogas están disponibles, y su veterinario los guiará a usted y al amaestrador hacia el mejor tratamiento para su perro.

La mayoría de los perros pueden ser ayudados con la mayoría de los problemas. Por favor, no se entregue hasta que usted haya consultado con su veterinario y un amaestrador calificado a ver cuáles son sus opciones. (Jeanette Floss, D.V.M., cubre más sobre este tema en el Capítulo 10).

Su perro muerde agresivamente

Yo verdaderamente creo que aún cuando usted sea un verdadero fanático amante de los perros, ningún perro se merece la "justificación" cuando una persona – o el cielo no lo permita, un niño – es asustado emocionalmente o físicamente por la mordida del animal. Algunas personas podrían racionalizar la mordida de su perro diciendo, "Él sólo muerde a extraños, nunca a un miembro de la familia." Pero si ese es el caso en la situación suya, usted debe estar preparado para encerrar a su perro cada vez que tenga invitados. Hoy en día, la gente responsable por ser dueños de perros viciosos y mordedores sufren consecuencias legales que pueden ser una gran preocupación. Si su perro muestra cualquier forma de agresión, por favor, pida el consejo de su veterinario, especialista en comportamiento animal o a un amaestrador de perros calificado.

Yo no hablo desde sólo un punto de vista abstracto en este tema, sino desde un punto de vista personal. Yo he tenido que terminar con la vida de dos de mis perros por morder. Déjeme decirle sobre uno de estos perros: Nuestra familia tenía un maravilloso y educado terrier color trigo llamado Huey Lewis. Cuando él tenía casi dos años de edad, tuvimos un almuerzo en el jardín al cual habíamos invitado a una docena de amigos. Huey Lewis se estaba divirtiendo visitando a cada uno, cuando de repente y sin ninguna provocación de parte de nadie (yo vi todo el incidente), él, de forma muy violenta, mordió a uno de mis invitados en la mano.

Nosotros, honestamente, no sabíamos que pensar de esta situación – ¿podría una abeja haber picado al perro en ese momento? Era improbable. El nunca había hecho eso antes.

Nosotros le dimos al perro el beneficio de la duda y pensamos que había sido un incidente aislado. Entonces, después de dos semanas, yo le estaba dando de comer a Huey Lewis y él, de forma muy violenta, me atacó viciosamente, mordiendo la parte de atrás de mi cabeza cuando yo estaba inclinada colocando la comida en su recipiente. Después de un viaje a la sala de emergencias – y varios puntos – Huey Lewis y yo hicimos un viaje a nuestro veterinario. Tristemente, tuve que hacer la eutanasia a mi perro.

El perder a esta hermoso perro nos afectó a todos en nuestra familia, pero yo no podía quedarme con buena conciencia teniendo un perro que podría atacar de vuelta y posiblemente dejar peores cicatrices que las que yo había sufrido en otra persona. Obviamente, este perro amigable y fácil de llevar tenía algún problema de agresión interno que salió a la superficie cuando creció, y en mi opinión, ninguna cantidad de amaestramiento lo podía cambiar. Esto le puede suceder a cualquier perro, no importa su raza. Sin embargo, yo creo que el dueño es él que finalmente es responsable del comportamiento agresivo y peligroso de su perro. Por eso, no sólo a estos perros no se les debería permitir presentar un peligro potencial para sus vecinos, tampoco se les debería permitir procrearse y posiblemente pasar un gene agresivo.

Dos semanas después de perder a Huey Lewis, estábamos dando la bienvenida a un nuevo cachorro a nuestra familia y estábamos en nuestro camino de lograr el programa "Just House Manners" (Sólo Buenas Costumbres). Estoy convencida que el reemplazar a Huey

Lewis rápidamente fue lo correcto. Reemplazar el perro con un nuevo cachorro inmediatemente en estas circunstancias es importante – especialmente si están involucrados niños pequeños. Les enseña a ellos que no todos los perros muerden y que hay perros maravillosos en cada raza.

Capítulo 7

Amaestramiento divertido y trucos adorables

Comience con trucos divertidos sólo después de que usted y su perro hayan logrado lo básico. Ese es el momento cuando usted y su perro querían tomar una clase de "clicker."

"Dar la mano"

El tiempo de amaestramiento "siéntate" es también un buen momento para enseñarle a su perro el "Dar la mano" o "Dar las cinco."

Diga el nombre de su perro y después dígale "dame la mano" o "dime las cinco" mientras usted le toca la parte de atrás de la pierna delantera derecha. Cuando su animal se levante la pata, tómesela y dígale "cinco" de vuelta, prémielo verbalmente y con una golosina. Su animal eventualmente hará eso automáticamente cuando escuche el comando.

Amaestramiento con un "Clicker"

El amaestramiento con un "clicker" es relativamente simple de hacer y es una gran manera de amaestrar a su perro. Yo personalmente le encanta. Muchos perros (y muchos otros tipos de animales) que están en las películas, y también los perros de servicio, son amaestrodos con este método.

Para amaestrar a su perro, tenga una bolsa con sus golosinas preferidas a mano junto con su "clicker." Haga presión en el "clicker" (el cual se puede comprar en cualquier tienda de artículos para los animales) para hacerlo sonar y lograr la atención de su perro, entonces déle un premio. Repita esto varias veces hasta que el perro comprenda que cuando usted hace ese sonido y él responde, a él se lo recompensa con un premio. No use ningún premio verbal durante este amaestramiento – usted no debe hablar ni una palabra.

Una vez que el perro entiende el concepto del "clicker," cada vez que vea un comportamiento que usted quiera, tal como sentado, por ejemplo, entonces hágalo sonar cuando el perro tenga ese comportamiento y prémielo con una golosina. Entonces, cada vez que su perro se siente, haga sonar el "clicker" y prémielo con una golosina, pero todavía no le de premios verbales. El perro comenzará a sentarse a menudo porque él sabe que se lo premiará con un sonido y una golosina. Sólo cuando el perro se comporte consecuentemente usted podrá introducir el comando "siéntate." Eventualmente, usted no tendrá que usar ya sea el "clicker" o las golosinas de comida, sólo el comando y premio verbal. Muchos comportamientos de los perros pueden ser modificados y cambiados con el uso de un "clicker," pero usted necesitará ir a una buena clase de amaestramiento con un "clicker" o estudiar un buen libro de amaestramiento con el "clicker."

Muchas clases y muchos libros sobre el amaestramiento con un "clicker" están disponibles. Haga un poco de investigación en librerías o bibliotecas y diviértase con este tipo de amaestramiento. Muchos de mis clientes (especialmente esos que están muy ocupados con sus familias, trabajo, y demás) creen que este método consume demasiado tiempo, o se olvidan donde pusieron el "clicker," o cualquier otra excusa, y por lo tanto fallan con el amaestramiento del "clicker." Sin embargo, si esto le parece interesante a usted, bien vale la pena probarlo.

Tirando un trineo

La temperatura cae, la predicción del meteorólogo de que habrá de tres a cinco pulgadas de nieve fue más que exacta, y el paisaje se convierte en un país de maravillas cubierto por un montón de blanco. Reforzado contra el frío con guantes, botas y abrigos calentitos, su familia sale para el divertirse con el tiempo de invierno.

Su perro, como miembro de la familia, puede ser una parte maravillosa de esta diversión, revolcándose con usted mientras usted construye hombres de nieve y sus hijos diseñan fuertes de nieve.

Sin embargo, hay más diversión que usted puede vivir con su perro. Usted le puede enseñar a tirar un trineo, como los perros que vemos en fotos de los libros sobre Holanda.

El meter a un perro dentro de un arnés y viajar en un trineo para perros es muy divertido para sus hijos. Sólo esté seguro de que su perro sea suficientemente fuerte y de la raza correcta para tirar del trineo con su peso, y el de sus niños, lo que es realmente un llamado de buen juicio, de su parte.

Su tienda local de artículos para perros debería tener un arnés para trineos – no son muy caros. Las instrucciones que vienen con el arnés le mostrará a usted como abrocharlo al trineo. Tenga a su perro con su correa de exterior mientras es atado al trineo, y haga que él tire del trineo vacio unos pocos minutos sólo para que se acostumbre al peso. Una vez que se acostumbre a tirar del trineo, agréguele un poco de peso y haga que se acostumbre a tirar con ese peso antes que deje que su chico entre al trineo. ¡Ahora tome una correa y vaya a divertirse!

Sentarse derecho – o "Alcanzar el cielo"

Sentarse derecho es un truco bastante fácil de enseñar. Aunque los perros con patas cortas tienen más facilidad para aprender a sentarse derechos que aquellos con piernas largas, la mayoría de los perros pueden aprender a hacer este truco. El sentarse derecho se debería enseñar siempre con el perro sobre una alfombra o sobre una superficie de piso no resbaladizo, y en un rincón para ayudarlo a evitar que se vaya cayendo mientras está aprendiendo. Comience haciendo que su perro se siente y entonces haláguelo para que se siente derecho sosteniendo una golosina elegida justo arriba de su nariz mientras le dice su nombre y dice "Levántate" o "Alcanza el cielo." Cuando él cumple – ¡y con una golosina moviéndose justo arriba de su nariz, el lo hará! – déle un pedacito del premio junto con montones de alabanzas y expresiones de amor.

Una vez que su perro esté seguro sobre sentarse derecho en el rincón, tráigalo al medio de la habitación (todavía en la alfombra o en una superficie no resbaladiza) y repita el proceso hasta que él le tome la mano. (Nota: Los perros con colas largas deben tenerlas siempre derechas hacia afuera detrás de ellos para ayudarles a mantener el equilibrio.)

Pronto su perro estará haciendo este truco por su cuenta en el momento en que usted diga "Levántate" o "Alcanza el cielo," y mantenga la mano arriba de su nariz, aún sin comida.

¿Es divertido, no?

Diciendo sus oraciones

Una vez que su perro haya aprendido a sentarse, enseñarle a "decir sus oraciones" es una cosa automática. Siéntese en un sillón derecho y sin brazos, y haga que su perro se siente a su lado. Haga que se siente derecho y coloque sus patas sobre las piernas suyas, y dígale "Quédate." Mientras sostiene una golosina abajo de sus patas, suavemente empuje su cabeza abajo entre las patas hasta que el frente esté sobre o cerca de su propia pierna, y dígale "dí tus oraciones."

Siga sosteniéndole la cabeza abajo por un rato – digamos de diez a veinte segundos – entonces diga "amen" para avisarle que él se puede levantar la cabeza otra vez. Entonces déle su premio y mucho amor.

Mac, mi Collie Inglés que tuve cuando era adolescente, le encantaba hacer este truco y decía oraciones – sin decirle – en cualquier momento que él me veía a mi o a cualquiera otra persona comer algo, con la esperanza de coger un mordisco. (Nota: Es importante no darle comida a su perro o pasarse con las golosinas, de manera que lea cuidadosamente la información con respecto a una buena nutrición en el capítulo siguiente).

La mayoría de los perros prefieren ver lo que está sucediendo en todo momento, y no les gusta esconder sus ojos. Aprender a decir las oraciones le enseña a su perro obediencia y sumisión, así le da a usted más control sobre él. Como dije anteriormente, cuantos mas comandos y trucos aprende su perro, más fácil es enseñarle nuevos. Con el tiempo, la mayoría de los nuevos comandos y trucos pueden ser enseñados en una o dos sesiones.

Llame al comando "levántate" como usted quiera, como es el de "alcanza el cielo." Si usted hace esto adentro de la casa, asegúrese que su perro esté en una superficie no resbaladiza.

Le enseñe a su perro a "decir oraciones" por primero colocando las patas sobre la pierna suya diciéndole "quédate." Mientras sostiene un premio de comida debajo de su nariz con una mano, suavemente empuje la cabeza para abajo entre las patas con la otra mano hasta que el frente esté sobre o cerca de la pierna, entonces dígale "dí tus oraciones."

Capítulo 8

La nutrición de su perro

Yo creo en la buena nutrición para cachorros y perros. No creo en los perros que ruegan en la mesa. Una regla estricta que tengo es que cuando la familia está comiendo, los perros deben estar sobre sus alfombras o en sus jaulas.

Hay más acerca de esta regla que sólo la molestia de ser hostigado mientras nosotros estamos comiendo. Los restos de la mesa no son particularmente buenos para los perros; pueden fácilmente causarles sobrepeso y también perderse con las vitaminas y la nutrición balanceada que ellos realmente necesitan. La veterinaria Jeanette Floss explica más sobre este tema en el Capítulo 10. Mientras tanto, si usted le pregunta a su veterinario sobre la sabiduría de alimentarlo desde la mesa, estoy segura que él o ella le dará varias otras razones del porque esa no es una buena política. Y enfréntelo, sin importar lo amoroso o talentoso que sea su perro, su familia e invitados no quieren un perro saltarín, que se ubique al lado de sus sillas o se sienta derecho y gimir mientras sus invitados están tratando de disfrutar su carne con papas.

Sin embargo, yo personalmente pienso que está bien que ocasionalmente se suspenda la regla de no darle restos de comer a los perros que están afuera. Porque ellos tienden a ser más activos y queman más energía, darles los restos seguros de vez en cuando no obstruye a la nutrición, ni a la salud. Guarde de vez en cuando las sobras de la mesa que no interferirán con su correcta nutrición, tampoco es probable que lleguen a tener sobrepeso. Sólo asegúrese de no darles cualquier tipo de sobras que podrían ser dañinas para ellos. Usted podría querer consultar con su veterinario sobre lo que se debe evitar en todo momento.

Otra de mis reglas es que yo no les doy a mis perros pequeños platillos con leche o les dejo lamer nuestras bolas de cereal. A mis perros se les está permitido comer sólo de sus propios platos, excepto cuando se les está premiando con sus galletas para perros u otros premios apropiados.

Comida para perros ... ¡Tantas opciones!

Había una vez que el alimentar a su perro no era más complicado que ir al almacén o tienda de alimentos, recoger una bolsa de comida para perros, y sacarla en el plato del perro una o dos veces al día.

Con un gran recipiente de agua cerca, usted estaba completo. Hoy en día, la comida para los perros viene en tantas variedades – cachorros, adultos, adultos activos, adultos inactivos, y ancianos – usted se siente que debería tener un título en nutrición canina para saber que es lo mejor para su perro. Una buena manera de saber cuál comida para perro es mejor para su cachorro o perro es visitar su tienda local de alimentos para perros y hablar con el gerente. Con tantas marcas disponibles, ellos usualmente son imparciales, y son muy conocedores y útiles.

Sin embargo, si usted tiene un perro más viejo con una condición de salud especial, como diabetes, consulte a su veterinario con respecto al mejor tipo de alimento para su perro. Como lo mencioné anteriormente en el libro, es importante mantener los platos de la comida limpios, y asegurarse que su perro tiene agua fresca en todo momento. Si usted tiene perros afuera de la casa, asegúrese de que ellos tengan agua fresca por lo menos dos veces al día en tiempo caluroso, y que su agua no se congele en clima frió. (¡Y, no está bien que los perros de interior vayan y tomen agua del inodoro! Píenselo –¡Puaj!)

Capítulo 9

Viajando con su perro

Usted puede divertirse viajando con su perro, ya que hoy en día muchos hoteles y parques de diversiones acomodan a los animales. Y mientras que hay varias maneras para en un perro puede viajar en un auto, el método más seguro es que el perro viaje en su propia jaula si esta cabe en su vehículo. Si esa no es una opción, entonces usted querrá enseñarle a su perro a quedarse en el piso del vehículo antes de permitirle sentarse en el asiento. (Sin embargo, algunas personas nunca permiten que sus perros se suba al asiento por tener las patas mojadas o sucias y por la pérdida de pelos.)

Amaestramiento básico para viajar en auto

Para enseñarle a su perro cómo viajar en el auto, mantenga las ventanillas de adelante bajas, y el asiento del pasajero todo reclinado hacia atrás para permitirle más espacio en el piso. Lleve al perro por el lado del pasajero con su soga, y hágalo sentarse y quedarse mientras usted abre la puerta del lado del conductor. Ayude a su perro dentro del auto, ayúdelo al piso y dígale de nuevo que se siente y se quede. Quédese con el perro por unos pocos momentos para reforzar su orden y darle seguridad a él.

En seguido, de la vuelta alrededor del auto por el lado del conductor, repitiendo al perro que se siente y se quede. (Esto es porque las ventanas están bajas.)

Después de sólo unas pocas sesiones, él aprenderá que ésta es la única manera de entrar en el auto. Si usted decide dejarlo viajar en el asiento, usted querrá proteger el mismo con algún tipo de cubierta, la cual es otro uso para el comando "sobre la alfombra – bájate, quédate." Ponga una gran toalla sobre el asiento, y dígale, "Sobre tu alfombra – bájate, quédate" y lleva el perro sobre la toalla. Lo que el perro se imagina es, "O, mi humano me está mostrando que este es mi lugar seguro," y allí es donde se va a quedar.

Usted también querrá proteger a su perro con un cinturón de seguridad para perro, disponible en las tiendas de artículos para los animales. Si usted deja que su perro viaje sobre el asiento, no le permita que viaje con la cabeza fuera de la ventana. Más de un perro ha quedado ciego por escombros voladores o muerto por otro auto viajando demasiado cerca. ¡No es un pensamiento agradable!

Usted también podría invertir en un arnés con cinturón de seguridad. Se abrochan al cinturón del auto ya existente, y vienen en muchos tamaños y son bastante baratos. Estos aparatos son muy prácticos en manteniendo a su perro seguro en y un sólo lugar de su auto.

Por favor, mantenga a su perro con la correa mientras está en el auto. Mucho perros se hayan perdidos o sus vidas terminaron trágicamente mientras viajaban en auto. Usted ha invertido mucho en su perro y quiere mantenerlo a salvo.

Viajando en un camioneta "pickup"

Y ahora, una palabra sobre la práctica polémica de llevar a los perros en camioneta. Muchos activistas de los derechos de los animales creen que llevar un perro en la parte de atrás de una camioneta no sólo es peligroso sino que también es inhumano. Los dueños de los perros que manejan las camionetas deberían considerar qué le sucedería a su perro si clavan los frenos, si se doble a la esquina en un ángulo cerrado y rápido, o si son chocados por atrás por otro auto. Aún cuando el perro esté sujeto con la correa, el animal puede ser estrangulado con ella o que se le rompa el cuello si es tirado desde la camioneta.

Sin embargo, si un camioneta es su único medio de la transportación, el manejar con su perro en el vehículo puede ser relativamente seguro si usted invierte en el equipo correcto. La mayoría de las tiendas de artículos para los animales tienen agarraderas para camionetas "pickup" que caben en las paredes del costado de la misma. Usted necesitará comprar dos correas que sean del mismo ancho

Si una jaula no cabe en su vehículo, la manera más segura para su perro es el de viajar en el piso de su auto o en un asiento especial para perros. En el lado del pasajero, ayude a su perro a entrar al auto y al piso, y dígale, "Siéntate, quédate." Dé la vuelta alrededor del auto hacia el lado del conductor, y repitiendo al perro que se siente y se quede. (Esto es muy útil si su perro tiene las patas sucias y no las quiere en los asientos del auto. Por supuesto, usted lo puede invitar a cualquier tiempo que se siente en el asiento).

Buen Perro 113

que la parte de carga de la camioneta. Adhiera las agarraderas en lados opuestos y cerca de la ventanilla de atrás en el piso de la camioneta. Abroche las correas en cada agarradera y después enganche las correas al collar del perro. Esto le permitirá a su perro ir de lado a lado pero no sobre el borde. No sólo no será tirado fuera si usted tiene que hacer un giro inesperado, sino que su perro no podrá saltar fuera de la misma. Estas agarraderas son relativamente económicas, y yo creo que valen su precio si su perro va a viajar en la parte de atrás de su camioneta. Las agarraderas también sirven para detener a los ladrones de perros, quienes tendrían que subir en la parte de atrás del camioneta, abrir las agarraderas, lo cual probablemente atraerá más atención de lo que a los ladrones les gustaría tener.

Capítulo 10

¿Cuándo debería visitar a mi veterinario?

Jeanette Floss, D.V.M., M.S., la autora de este capítulo, es una especialista en theriogenology, o la reproducción de los animales.

En los capítulos anteriores, Donna Chandler le ha dado a usted los instrumentos para desarrollar y mantener una relación amorosa con su perro. El propósito de este capítulo es el de recordarle a usted que además de ser responsable por su alimentación y amaestramiento, usted también es responsable por la salud y el bienestar de su perro.

Comenzando correctamente

En el pasado, el veterinario era visto sólo como un "reparador." Si una perro se enfermaba o se lastimaba se la llevaba al doctor para que la cuidara. Al veterinario de hoy también le interesa por el bienestar del perro. En otras palabras, su doctor y sus asistentes pueden proveerle a usted con información sobre las vacunaciones, exámenes anuales, la nutrición, y pruebas exploratorias para ayudarle a usted tener una relación con su perro hasta sus años dorados. De manera que apenas (si no es antes) de que usted consiga su perro nuevo, haga una cita con su veterinario.

En esa primera visita su veterinario discutirá el horario las vacunaciones, el tratamiento y control de los parásitos, las necesidades nutricionales, requerimientos de acicalamiento de rutina, y opciones de identificación. Justo con un infante humano, un cachorro necesita una serie de vacunas auxiliares de manera de estar protegido contra las enfermedades virales. Algunas de estas enfermedades pueden ser pocas severas mientras que otras

Jeanette Floss, D.V.M., y sus "niñas" – Daphne un "poodle standard" y Cambre, un terrier "Airedale."

pueden ser fatales. Dependiendo del área del país donde usted vive, ya sea que viva en la ciudad o en un área rural o quiera ir de camping con su perro, cazando con él o sólo llevarle al parque local, su veterinario le recomendará las vacunas apropiadas.

Los cachorros y las lombrices intestinales

Los cachorros pueden adquirir parásitos intestinales de sus madres. El ciclo de vida de estas lombrices en el sistema de la madre les permite a los estados infecciosos de larva ingresar a su leche, la cual es tomada por sus cachorros. Estos parásitos pueden ser eliminados con una medicación provista por su veterinario. Si se deja sin tratar, estos cachorros pueden no crecer adecuadamente, podrían ser débiles o anémicos, podrían tener diarrea persistente y podrían potencialmente contagiar sus parásitos a los niños pequeños. Para evitar estas situaciones, hágale hacer un flotado de materia fecal en la oficina de su veterinario y que se le administre el tratamiento como necesario. Su cachorro también comenzará con una medicación mensual para prevenir los parásitos coronarios. Esto será cubierto después con más detalle en este capítulo.

Los cachorros y la nutrición

Los perros pequeños crecerán y se desarrollarán muy rapidamente los primeros seis meses de vida y por lo tanto requieren más proteínas y grasa en sus dietas que los perros adultos. Los perros de una raza más pequeña deberán ser alimentados con una dieta de calidad para cachorros por lo menos los primeros ocho meses mientras que las razas de cachorros más grandes podrían requerir una dieta para cachorros hasta los diez y ocho meses. Su veterinario le puede dar información sobre dietas, horarios de alimentación, mantenimiento del peso y monitorear el crecimiento de su perro.

Acicalamiento

Las diferentes razas tienen diferentes necesidades de acicalamiento. Algunas necesitarán sólo el baño, mientras que otras requerirán un cuidado considerable de la piel y la capa de pelo. Sin importar el tipo de pelo, es importante que usted se lleve bien con su perro para el peinado, el cepillado, el cortar de las uñas, la limpieza de las orejas y la higiene oral. Los perros que nadan frecuentemente, los que tienen mucho crecimiento de pelo en las orejas, o tienen orejas que caen pesadamente sobre ellos pueden necesitar que se les limpien las orejas más frecuentemente que los perros que tienen las orejas erectas. En cualquier raza, el mantenimiento de los oídos limpios previene incomodidad e infección. Como lo es con los niños pequeños, su cachorro perderá sus dientes de leche comenzando alrededor de las doce a trece semanas de edad y tendrá un juego completo de dientes de adultos cuando tiene los seis meses de edad. Es una buena idea que el perro se acostumbre a que le examinen sus dientes y a comenzar el cepillado temprano. Su veterinario o asistente del veterinario puede mostrarle la técnica correcta para el cepillado, peinado, arreglo de uñas, limpieza de oídos y cepillado de dientes. El asistente puede proveerle también con información sobre los cepillos correctos, peines, tijeras, alicates y cortadores de uñas. El acicalamiento puede ser una experiencia que usted y su perro pueden disfrutar.

La identificación y los "microchips"

Muchas municipalidades les pondrán una multa si su perro es encontrado sin su identificación correcta o prueba de su vacunación. Su perro debe tener una forma de identificación permanente. La forma más fácil es una pequeña placa de identificación enganchada al collar del perro que incluye la suya dirección y el teléfono. Los collares se pueden perder, lo cual ha llevado al desarrollo de aparatos de identificación electrónicos que son inyectados bajo la piel. La mayoría de las organizaciones y hospitales veterinarios tienen lectores electrónicos de chips, los cuales muestran el número individual. Este número entonces es conectado con la oficina que implantó el chip o con el dueño directamente. Una gran cantidad de animales perdidos son reunidos con sus familias gracias a estos aparatos. Más recientemente ha sido desarrollado un chip con el cual el perro puede ser localizada, similar al sistema de "GPS" utilizado en los autos. Esto es muy útil en las razas de caza. Es posible que estos chips no estén disponibles en todas las áreas, pero su veterinario le puede dar información sobre las opciones de los microchip identificadores disponibles para usted.

Castrarlos o quitarles los ovarios

Donna ya le ha contado los efectos que tienen el castrado y retiro de los ovarios en el comportamiento y amaestramiento de su perro. También hay unas cuestiones de salud para considerar cuando elijando castrar o quitarle los ovarios de su perro. Primero, el castrar o quitarle los ovarios reduce los riesgos de enfermedades del útero, glándulas mamarias y próstata en el animal mayor. El castrado también reduce la tendencia de los perros machos de vagar, por lo tanto se evitan accidentes potenciales (ser golpeado por un auto, peleas con otros perros, o con animales salvajes, engendrar hembras con los ovarios, y demás). Segundo, el problema de superpoblación de perros es un tema alrededor del país. Cada año asociaciones humanitarias son repletas con perros no queridos o sin hogar. Muchos tienen la suerte de ser adoptados, mientras que muchos más tienen que ser sacrificados. Por favor, haga su parte para evitar embarazos no deseados en los animales.

Muchos veterinarios están participando en programas de castración temprana. Tradicionalmente, la cirugía se realizaba cuando el perro llegaba a los seis meses de edad. Muchos cachorros están siendo castrados a los siete a doce semanas de edad. Anteriormente se sentía que los perros debían obtener un peso y tamaño mayor antes de hacerle la cirugía para prevenir cambios indeseables después de la misma. Esto incluía el aumento de peso, enfermedades del tracto urinario y niveles reducidos de actividad. Ahora se ha demostrado que estas condiciones no están relacionadas con la cirugía.

El día de la cirugía usted deberá llevar a su perro a la oficina del doctor temprano a la mañana. Dependiendo en la edad de su perro, no se le debe dar ni agua ni comida de cuatro a doce horas antes de la cirugía para evitar que vomite y aspire durante la anestesia. Los perros a menudo se van a casa el mismo día de la cirugía, aunque su veterinario es el mejor juez y podría decirle que su perro se quede durante la noche para observación. Su hembra tendrá una incisión en el área de la pancita que permite al doctor retirar los ovarios y el útero entero. El macho tendrá una incisión más pequeña justo en frente del escroto a través del cual se retiran los testículos. Dependiendo en la preferencia de su doctor, su perro podría tener suturas visibles u ocultas. Si son visibles, estas puntadas deberán ser removidos entre los diez y catorce días de la cirugía.

Su veterinario podría recomendar le que usted evite la actividad a caminar con la correa hasta cumplir los diez días. Esto depende de la personalidad de su perro y la preferencia del dolor. La medicación para el doctor será recomendado enseguida de la cirugía. Como es en toda cirugía, hay riesgos inherentes con la anestesia, sangrado y fracaso en las suturas. Estos riesgos son minimizados con análisis de sangre prequirúrgico para ver la función normal del órgano, personalizar los protocólos anestésicos, y el descanso en la jaula.

Tener o no tener cría

Si usted está considerando hacerle tener cría a su perro, usted debe a la raza y les descendientes los posibles que hacer las tareas. Usted debe tener la historia familiar por lo menos de tres generaciones atrás de cada padre. Esto incluye su historia reproductiva y también la historia médica. Familiarícese con las potenciales condiciones de desarrollo tales como desplacía de cadera u hombro, ceguera, sordera, y desórdenes de sangrado que son más comunes en algunas razas. Todavía hay otras razas que tienen más dificultad en parir. Estas incluyen las crias "brachycephalic," o las de cara corta con narices aplastadas. Estos animales tienen cabezas más grandes y hombros anchos con caderas angostas resultando que se necesite hacerles cesárea en muchas instancias. Los perros de caras cortas como los Bulldogs, Boston Terriers, Narices Planas, y Pekineses, también son propensos al sobrecalentamiento de climas calurosos y húmedos porque ellos tienen pequeños orificios nasales, y eso puede prevenir el pasaje de aire para enfriarlo. Si esta condición es exagerada, estos perros pueden desarrollar desórdenes severos de respiración a medida que crecen. En algunos casos, una cirugía correctora es necesaria para abrir el conducto del aire. Aprenda lo más que pueda sobre la raza antes de planificar el tener más. También, es una muy buena idea tener hogares posibles para cada cachorro que usted estará trayendo al mundo. Es su responsabilidad el asegurarle a un animal saludable que sea colocado en un hogar cálido. Si usted piensa que permitiendo que su perro tenga una cría le ayudará a ganar más dinero, usted está equivocado. Usted nunca debe hacerle tener cría a su perro por dinero.

Exámenes anuales del estado de salud

Después del primer año de vacunas y cirugía, su

veterinario debe realizar un examen de salud concienzudo de su animal una vez al año por cada año de vida de su perro. Dándole este servicio a su perro le aumentará la probabilidad que él o ella esté por muchos años con usted. Además de escuchar al corazón y los pulmones, su veterinario le examinará los oídos, ojos, dientes, piel, peso, y los órganos internos. Él o ella podrían también recomendar exámenes de sangre y orina para investigar alguna enfermedad de algún órgano que no puede identificarse con el examen físico. Un electrocardiograma y radiografías podrían también ser recomendados para el perro adulto o geriátrico. Muchas enfermedades o condiciones de salud pueden ser controladas por períodos extensos si se identifican tempranamente. Pídale a su veterinario los detalles.

Lombrices "Heartworms," Pulgas, y Garrapatas – ¡Oh, Dios Mío!

Como se discutió anteriormente, un flotado de materia fecal se realiza para detectar la presencia de parásitos intestinales.

Un análisis de sangre también se hace para asegurarse de que su perro no esté infectado con lombrices "heartworms." Estos se desparraman por la picadura de un mosquito infectado. La lombriz infante viaje desde la picadura del mosquito hasta el torrente sanguíneo del perro y eventualmente crece hasta que hacerse en un lombriz de seis a ocho pulgadas que vive en las cavidades de arriba del corazón y las válvulas que llevan la sangre a los pulmones. Este es un problema médico serio que puede llevar a una falla cardiaca y muerte si no es tratado. Las buenas noticias son que esta enfermedad es prevenible, y la medicina preventiva se necesita sólo mensualmente. Muchos productos están disponibles a través del veterinario y pueden ser seleccionados basados en su preferencia personal. Algunos productos se dan oralmente, otros son aplicados en la superficie de la piel y otra variedad es inyectada debajo de la piel cada seis meses. Muchos productos están disponibles que también controlan los parásitos intestinales, pulgas, garrapatas o mosquitos. La prevención es relativamente económica, mientras que el tratamiento de la enfermedad de lombrices "heartworms" es cara, potencialmente peligrosa para su perro, y requiere hospitalización y un monitoreo cercano por varias semanas. Los exámenes de sangre y los rayos-x serán a menudo recomendados antes de comenzar el tratamiento. Al finalizar el tratamiento, los animales tienen que limitar sus actividades por cuatro a seis semanas para que le permita al cuerpo eliminar todos los rastros de las lombrices. Un examen anual de lombrices "heartworms" es esencial para el control adecuado y prevención de esta enfermedad potencialmente mortal.

Los parásitos externos tales como pulgas y las garrapatas pueden no sólo hacer que su perro esté incómodo sino también puede llevarlo a tener enfermedades. Las picaduras de pulgas son muy irritantes para su perro, y algunas le traerán alergias a las picaduras, las cuales se transformarán en rascadas sin control y le causan un daño e infección severa a la piel. Las pulgas también llevan algunas formas de parásitos intestinales. Las garrapatas pueden llevar infecciones virales que pueden causar debilidad, anemia, y dolor de músculos y de las articulaciones. Como se describió más arriba, los mosquitos pueden transportar lombrices "heartworms." Muchos productos están disponibles con su veterinario para el control de estos parásitos externos. Él o ella lo puede ayudar a seleccionar los productos que mejor le vengan bien a usted.

Vacunaciones

Los refuerzos de vacunación han sido tradicionalmente administrados anualmente. Más agencias estatales están ahora recomendando la vacunación antirrábica cada tres años. También, las asociaciones médicas veterinarias están investigando si nosotros necesitamos vacunaciones anuales para otras enfermedades virales de los perros. Discuta este tema con su veterinario durante el examen anual de su perro para desarrollar un programa que se adapte a la medida de las necesidades de su perro y averigüe sobre los potenciales de riesgo de contraer estas enfermedades.

Control de peso

La obesidad puede ser un signo de enfermedad pero resulta lo más por amar a nuestros perros hasta la muerte. Como Donna lo ha mencionado, los perros son motivados por la comida. A los dueños también les causa placer el alimentar a sus animales. Esta combinación de tendencias pueden fácilmente induce la obesidad. Sin importar la dieta que usted le ofrezca a su perro, su doctor puede ayudarlo con líneas directivas para mantener un peso saludable o reducir el peso en un perro con sobrepeso u obesidad. En algunos casos un cambio de dieta podría ser recomendada para mantener las buenas condiciones de salud relacionadas con la edad (corazón, hígado, o enfermedad de los riñones), condiciones de la piel (sensibles a la comida, alergias) o para necesidades de la actuación.

Cuidado dental

Las enfermedades dentales son comunes en los perros. Pero el cuidado apropiado de los dientes puede ser tan simple como alimentarlo con la dieta correcta. Los perros a menudo aceptan la rutina diaria de cepillado si lo comenzaron temprano en la vida. La prevención de placas en los dientes y sarro no solo salvará a su perro de tener enfermedades en los dientes y encías y la necesidad de extracciones dolorosas, pero pueden también protegerlos de fallas en otros órganos causadas por infecciones bacterianas que se desparraman desde la boca a lo largo de la corriente sanguínea hacia el corazón y los riñones. Una limpieza profunda dental con anestesia se recomienda cada seis a doce meses. En el pasado, los dientes enfermos simplemente eran extraídos; hoy en día hay especialistas que pueden salvarlos con empastes de la raiz, coronas y cirugía oral. El cepillado de rutina y limpiadores orales le ayudarán a su animal estar protegida de enfermedades en los dientes y en las encías, prevenir dolor y enfermedades, y reducir la necesidad de procedimientos con anestesia.

Modificación del comportamiento y medicación – ¿ayudan de veras?

Si usted tiene un perro que demuestra un comportamiento que le preocupa, pídale a su veterinario que descarte cualquier razón médica por este comportamiento, tal como el dolor, infecciones urinarias, o enfermedad de algún órgano. Después de evaluar la condición médica del perro, su veterinario podría requerirle a usted que haga una consulta con un especialista en modificación de los comportamientos.

Después que este especialista ha evaluado a su perro, él o ella consultará con su veterinario para determinar si la medicación es necesaria en conjunto con el amaestramiento para cambiar ese comportamiento no deseado. Estos dos profesionales continuarán trabajando conjuntamente para ayudarlo a usted a amaestrar al perro de nuevo o corregir sus problemas de conducta. Este proceso podría tomar de tres a cuatro meses, pero recuerde, la medicación es sólo una ayuda, no una cura. La medicación le permite a su perro "relajarse" de manera que las técnicas de modificación de la conducta hagan efecto. Pero, por último, el éxito de este programa recae en usted, el dueño del perro.

Las técnicas de modificación de conductas serán acomodadas a las necesidades de su perro. La medicación seleccionada generalmente le aumentará la habilidad a su perro para aprener y retener el amaestramiento tanto como reducir esa ansiedad subyacente que podría haber causado ese comportamiento en primer lugar. La medicación tiene unos efectos secundarios. Usted puede notar que su perro está cansado el primer par de días. El especialista en el comportamiento hablará con usted semanalmente sobre ir cambiando levemente las técnicas la modificación y entonces se comunicará con su veterinario aproximadamente cada quince a treinta días sobre el progreso. La necesidad de continuar con la medicación será evaluada mensualmente. Cuando el comportamiento no deseado haya sido corregido y su perro haya respondido al amaestramiento, entonces la medicación será gradualmente retirada hasta que no sea más necesaria.

Cuando buscar cuidado de emergencia

Habiendo manejado un hospital de urgencias, yo le puedo decir que si usted se siente que tenga una situación de emergencia, entonces lo es y usted no debería dudar en llevar a su perro al hospital. Nosotros recibimos llamadas cada día preguntándonos si deberían traer al perro al hospital. El personal o los doctores no pueden evaluar adecuadamente la condición del perro sin verlo. Las razones más comunes por las cuales los animales son traídos al hospital de urgencias son trauma, tal como ser derribados por autos; meterse en peleas con otros perros; y caídas; intoxicación; la embriaguez o las ataques; vómitos incontrolados; o signos agravados de alguna condición médica preexistente (enfermedad de los riñones, del corazón y demás). El elemento más crítico para la vida es el aire. Si su perro tiene dificultades para respirar, vaya al hospital inmediatamente. Si su perro está sangrando, aplique presión o una venda y notifique al hospital que usted está en camino. En algunos casos aún problemas menores podrían ser indicación de una condición más seria. Usted conoce a su perro y su personalidad, conducta y rutinas. Si usted sospecha que algo no esté correcto y se siente que no pueda esperar hasta su entrevista programada, haga que su perro está examinado. Nunca se sienta tonto por llevar a su compañero y amigo aunque sea por temas menores. La paz mental es una medicina poderosa para usted, y en algunos casos usted podrá estar detectando una condición más seria en sus etapas iniciales.

Seguro de salud para su animal

Un animal viene con muchas responsabilidades. El cuidado médico y programas de bienestar pueden ser caros. Hay varias compañías que le proveen seguro médico a su perro que le cubrirápor los accidentes y enfermedades. Recientemente procedimientos de mantenimientos de rutina están siendo cubiertos dependiendo de la póliza comprada. La protección suplementaria podría incluir vacunaciones anuales, limpieza anual dental, y castración para los cachorros. Las condiciones que están excluidas son las heredadas tales como la displasia de cadera. Su veterinario puede proveerle de información sobre pólizas que están disponibles en su área.

Eutanasia

La eutanasia humanitaria o "poner a su perro a dormir" es a menudo una decisión muy difícil para hacer y que nos rompe el corazón. En la mayoría de los casos es la decisión más amorosa que usted puede hacer por su querido compañero. La decisión de eutanasia no está hecho facilmente por los veterinarios cuidadores. Ellos también son dueños de animales. Usted ha compartido una vida y una relación con su perro y al final usted quiere que se vayan sin dolor y dignificados. Cómo se maneja usted con la muerte de un miembro de la familia muy querido también es muy personal. Su veterinario hará todo lo que está en su poder para proveerles un ambiente tranquilo para que usted y su familia; si lo desean, puedan estar presentes en el procedimiento.

Se le dá una inyección que lo seda profundamente al perro, entonces la respiración y el corazón aminoran y se detienen. El proceso es muy rápido, sin dolor, y libre de ansiedad para su perro. Hay muchas opciones disponibles para usted y su familia como recordatorios, entierros y cremaciones. Un perro nunca puede ser reemplazado, pero el amor y devoción que ellos dan duran por siempre.

Epílogo

¡Ahora usted y su perro están por su cuenta!

Yo espero que este libro le provea con un plan que dura toda la vida para su nuevo miembro canino de la familia.

Algunos puntos claves para recordar: Una vez que usted tiene la confianza en su perro fuera de la jaula y sin la correa de interior, si él hace un error, todo lo que probablemente usted necesite hacer es un curso para refrescarle el amaestramiento sobre su jaula y la correa para interior. Espere alrededor de una semana antes de soltarlo de nuevo. Y recuerde también que el amaestramiento no puede causar impresión con cachorros muy jóvenes, y, por lo tanto, no le dé a su perro su libertad hasta que sea suficientemente mayor o que pueda manejar la misma.

Una vez que su perro ha comenzado el amaestramiento con comandos, llévelo con usted a todos lados, lo más posible. A él le encantará estar con usted – y su familia – y también lo socializará y aumentará todos sus métodos del amaestramiento. Recuerde, ¡su perro tiene su apellido! Usando apropiadamente y confiadamente el programa "Just House Manners" (Sólo Buenas Costumbres) yo creo que su perro nunca será una de esas criaturas trágicas que terminan en las sociedades humanitarias o en las perreras, o peor, tirados al borde del camino.

El compartir un hogar con un animal, amándolo y cuidándolo, añade valor y profundidad a la vida de una persona, y lo que le puede agregar a la vida de un niño es inmensurable. Los animales domesticados pueden mejorar tanto la calidad de la vida y la actitud mental que se está haciendo una práctica habitual el llevar animales a visitar hogares de cuidado, programas de hospicios, y hospitales de niños. También es una práctica común hacer arreglas para que las personas que no pueden salir de la casa tengan la oportunidad de cuidar de los perros y gatos. Mi amiga Carol Barker y Cletus, su perro de terapia con certificado, comparten su amor una vez por semana en un local de cuidado extenso en Dayton, Ohio. Carol encuentra que esta es una manera de devolver a la sociedad utilizando a su perro amado, y es una recompensa para los dos.

El amor incondicional que los perros ofrecen a menudo abre el corazón de las personas, generalmente dejándolas más felices y sintiendo que la vida vale la pena vivirla. Los animales también parecen tener un sexto sentido sobre la gente, sabiendo no sólo en quién confiar, pero también cual persona necesita más atención y amor.

Si usted tiene niños entre las edades de nueve y dieciocho años, le aliento a usted que vea en su 4-H local. La mayoría de los programas 4-H incluyen la obediencia del perro, agilidad y amaestramiento. Estos programas han sido probados muchas veces por ser exitosos para ambos el niño y el perro. Mi hijo Austin está muy entusiasmado con el 4-H y él le encanta cada minuto del programa.

Yo estoy convencida que si usted nunca experimentó el lazo especial del amor que usted puede compartir con un animal, entonces usted está perdiendo algo realmente maravilloso. Si ese es el caso y usted está leyendo este libro, entonces probablemente está listo para comenzar en esta aventura maravillosa.

Bueno, prepárese para un placer fantástico. Reuerde a compartir estos métodos del amaestramiento con sus niños, empezando con "español de perros." Pero no les preste este libro a sus amigos – ¡vas a necesitarlo cuando decide que quieres otro perro!

Carol Baker y su familia canina, Cletus (al frente) y Callie.

Para cerrar, me gustaría dejarle a usted otra pepita de mi propia filosofía: En cualquier momento que usted quiera hacer negocios con alguien, pregúntele si él o ella es un aficionado de los animales. Mi experiencia me ha enseñado que si alguien es un verdadero aficionado de los animales, esa persona tiende a no ser por demás egoista o egocéntrica, es merecedora, capaz de recibir y dar confianza y amor.

Ahora, relájese mientras usted descubre las recompensas de ser dueño de un buen perro – uno que tiene "Just House Manners" (Sólo Buenas Costumbres).

Books of Interest

Las Matzás Secretas de Abuelita
Por Rabí Sandy Eisenberg Sasso,
Ilustrado por Diana Breyer

A Jacobo le gustaba visitar a su abuela, especialmente durante la fiesta de Pascua. Ella vivía en Santa Fe, Nuevo México. Su casa de adobe se escondía detrás de los árboles de junípero y piñón y se asentaba bajo la sombra de un álamo.

La Pascua era diferente en la casa de su abuela. Durante la Semana Santa, la abuela preparaba torta de huevo y sopa de lentejas con cebolla, como lo hacían sus amistades. Pero durante el día de Pascua, sus amigos servían jamón y galletas con mantequilla dulce. Pero eso no se veía en la casa de la abuela. Allí no se comía carne de cerdo. Durante la Semana Santa la abuela no comía pan ni las sopaipillas con miel que tanto le gustaban a Jacobo, sino que servía solamente tortilla sin levadura.

"Abuelita," preguntaba Jacobo: "¿Por qué no comemos carne de cerdo como el resto de mis amigos?"

"¡Ay mijito!" Cuando la abuela lo llamaba así, Jacobo se sonrojaba: "Esa es la costumbre de nuestra familia," le decía.

Cuando David y su familia se mudó al lado desu abuela, Jacobo descubrió queellos tenía muchas costumbres similares a las de su abuela.

Una noche, Jacobo tuvo muchas preguntas para su abuela:

"Abuelita, la familia de David tiene un candelabro igual al tuyo. La familia de David nunca come carne de cerdo, tal como nosotros. La mamá de David enciende dos velas los viernes por la noche, tal como tú. Y la familia de David come Matzá durante Pésaj, tal como nosotros comemos tortillas durante la Semana Santa. Nadie ha oído de Matzá de Pascua. En la iglesia todos comen pan durante la Semana Santa y nadie tiene un candelabro como el de David y el nuestro. ¿Por favor, dime Abuelita, por qué tenemos estas costumbres en nuestra familia?"

"Ven, mijito," le dijo la abuela a Jacobo. "Siéntate conmigo en el pórtico. Es tiempo de contarte el secreto de nuestra familia.

Libro en Rústica U.S. $9.99
ISBN: 1-57860-212-2

To order call: 1(800) 343-4499
www.emmisbooks.com

Emmis Books
1700 Madison Road, Cincinnati, Ohio 45206

Books of Interest

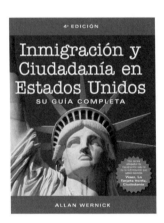

Inmigración y Ciudadanía en Estados Unidos
Por Allan Wernick

Inmigración y Ciudadanía en Estados Unidos, 4ª Edición Revisada: Su Guía Completa, hace comprensible la ley de inmigración. Después de contestar centenares de preguntas de lectores, entrenar a centenares de paralegales en las leyes de inmigración, y dar asesoramiento legal a inmigrantes durante más de 25 años, sé lo que usted necesita saber. Si usted quiere tener una idea cabal del sistema de inmigración de los Estados Unidos, usted necesita este libro.

- Algunos residentes permanentes pueden obtener su ciudadanía en los Estados Unidos sin saber hablar, leer o escribir inglés.
- Si su cónyuge (es decir, esposo o esposa) tiene ciudadanía de los Estados Unidos, usted puede nacionalizarse a los tres años de ser inmigrante legal.
- Si tiene un grado universitario y su empleador quiere auspiciarle, usted puede conseguir permiso de trabajo temporal hasta por seis años y, en ciertos casos, aún más tiempo. Puede obtener esta condición aunque sus requisitos no estén a la altura de los de un trabajador de los Estados Unidos que so-licite el trabajo.
- Si usted tiene ciudadanía de los Estados Unidos, puede traer a su novio o novia a Estados Unidos gestionando la Petición de Noviazgo K-1 (K-1 Fiancé Petition).
- Si obtiene la ciudadanía por nacionalización, sus hijos pueden haber conseguido la ciudadanía de los Estados Unidos

automáticamente al mismo tiempo que usted.
- Generalmente, las infracciones menores legales, como las de tráfico y desorden público, no impiden su nacionalización.
- La mayoría de las solicitudes de asilo terminan en procesos de remoción (antes llamados procesos de deportación).
- A veces no tiene que renunciar a su nacionalidad original para ser ciudadano de los Estados Unidos.
- Un empleador puede auspiciarle aún si usted está indocumentado en los Estados Unidos.
- Las leyes de USCIS permiten que los estudiantes extranjeros trabajen.
- Tanto hombres como mujeres pueden hacer una petición para traer a sus hijos naturales a los Estados Unidos.

¿Quién necesita este libro? Usted necesita este libro si:

- Vive en los Estados Unidos y quiere quedarse.
- Vive fuera y quiere saber cómo ingresar legalmente a los Estados Unidos.
- Se pierde en las complejidades de la ley de inmigración de los Estados Unidos o quiere obtener estado legal.
- Quiere ser ciudadano de los Estados Unidos.
- Es un empleador, maestro, político o periodista que necesita saber cómo funciona nuestro sistema de inmigración.

Libro en Rústica U.S. $24.99
ISBN: 1-57860-176-2

To order call: 1(800) 343-4499
www.emmisbooks.com

Emmis Books
1700 Madison Road, Cincinnati, Ohio 45206

.